中华人民共和国
广告法

案例注释版

中国法制出版社
CHINA LEGAL PUBLISHING HOUSE

出版说明

我国各级人民法院作出的生效裁判是审判实践的结晶，是法律适用在社会生活中真实、具体而生动的表现，是连接抽象法律与现实纠纷的桥梁。因此，了解和适用法律最好的办法，就是阅读、参考已发生并裁判生效的真实案例。从广大读者学法用法以及法官、律师等司法实务人员工作的实际需要出发，我们组织编写了这套“法律法规案例注释版”丛书。该丛书侧重“以案释法”，期冀通过案例注释法条的方法，将法律条文与真实判例相结合，帮助读者准确理解与适用法律条文，并领会法律制度的内在精神。

丛书最大的特点是：

一、专业性。丛书所编选案例的原始资料基本来源于各级人民法院已经审结并发生法律效力的裁判文书，从阐释法律规定的需要出发，加工整理而成。对于重点法条，则从全国人大常委会法工委等立法部门对条文的专业解读中提炼条文注释。

二、全面性。全书以主体法为编写主线，并辅之以条文主旨、条文注释、实用问答、典型案例、相关规定等，囊括了该法条的理论阐释和疑难问题，帮助读者全面理解法律知识体系。

三、示范性。裁判案例是法院依法对特定主体之间在特定时间、地点发生的法律纠纷作出的裁判，其本身具有真实性、指导性和示范性的特点。丛书选择的案例紧扣法律条文规定，精选了最高人民法院、最高人民检察院公布的指导案例等典型案例，对于读者有很强的参考借鉴价值。

四、实用性。每本书通过实用问答模块，以问答的方式解答实务中的疑难问题，帮助读者更好地解决实际问题。丛书设置“相关案例索引”栏目，列举更多的相关案例，归纳出案件要点，以期通过相关的案例，进一步发现、领会和把握法律规则、原则，从而作为解决实际问题的参考，做到举一反三。

五、便捷性。本丛书采用大字排版、双色印刷，清晰疏朗，提升了读者的阅读体验。我们还在部分分册的主体法律文件之后收录重要配套法律文件，以及相应的法律流程图表、文书等内容，方便读者查找和使用。

希望本丛书能够成为广大读者学习、理解和运用法律的得力帮手！

适用提示

《中华人民共和国广告法》（以下简称《广告法》）于第八届全国人大常委会第十次会议于1994年10月27日通过，自1995年2月1日起施行。该法在规范广告活动、促进广告业健康发展、保护消费者合法权益、维护社会经济秩序、促进社会主义市场经济健康发展方面，发挥了重要作用。但是，随着我国广告业的迅速发展，广告发布的媒介和形式发生了较大变化，广告业的经营环境发生了很大变化，1994年《广告法》的规定过于原则，对一些新问题、新情况缺乏规范和调整，已不能适应广告业发展的客观需要。因此，应社会各界对修改、完善《广告法》的强烈呼吁，全国人大常委会将《广告法》修订工作列入了第十二届全国人大常委会立法规划。2015年4月24日，第十二届全国人大常委会第十四次会议通过了修订后的《广告法》，自2015年9月1日起施行。2018年10月26日第十三届全国人民代表大会常务委员会第六次会议通过《关于修改〈中华人民共和国野生动物保护法〉等十五部法律的决定》，对《广告法》条文中的相关主管部门进行了修改。2021年4月29日第十三届全国人民代表大会常务委员会第二十八次会议通过《关于修改〈中华人民共和国道路交通安全法〉等八部法律的决定》，对相关条文作出删减。

2015年《广告法》修订幅度比较大，涉及内容比较多，不仅在内容上扩充了很多，而且对1994年《广告法》的一些原则性规定进一步细化，使之更加具体，可操作性也大大增强了。具体来说，主要的修改内容有：

一是增加和完善了广告内容准则。二是确立了广告代言人制度。三是广泛禁止烟草广告。四是增加了虚假广告的界定标准。五是新增了规范互联网广告的制度。六是完善了未成年人保护的规范。七是明确了大众媒介广告发布行为规范。八是明确和强化了工商部门及有关部门对广告市场监管的职责职权，明确以工商机关为主、各部门分工配合的管理体制，提高行政执法效能。九是加大了打击虚假违法广告的力度。十是增加了公益广告的规定，扩大了广告法调整范围。

2018年10月26日第十三届全国人民代表大会常务委员会第六次会议通过对《广告法》作出修改：(1)将第六十八条中的“新闻出版广电部门”修改为“新闻出版、广播电视主管部门”，“工商行政管理部门”修改为“市场监督管理部门”；(2)将第六条、第二十九条、第四十七条、第四十九条、第五十条、第五十一条、第五十二条、第五十三条、第五十五条、第五十七条、第五十八条、第五十九条、第六十条、第六十一条、第六十二条、第六十三条、第六十四条、第六十六条、第六十七条、第七十一条、第七十三条、第七十四条中的“工商行政管理部门”修改为“市场监督管理部门”。

2021年4月29日第十三届全国人民代表大会常务委员会第

二十八次会议决定对《广告法》作出修改：(1) 删去第二十九条中的“并向县级以上地方市场监督管理部门办理广告发布登记”；(2) 删去第五十五条第三款、第五十七条、第五十八条第三款中的“吊销广告发布登记证件”；(3) 删去第六十条。

为便于广大读者学习和理解《广告法》，本书对重要条文进行了简明释义，同时，也附加了实践中一些典型案例。

目　录

中华人民共和国广告法

第一章　总　　则

第二章　广告内容准则

第四章　监督管理

第五章　法律责任

第六章 附 则

附录一

附录二

中华人民共和国广告法

（1994 年 10 月 27 日第八届全国人民代表大会常务委员会第十次会议通过　2015 年 4 月 24 日第十二届全国人民代表大会常务委员会第十四次会议修订　根据 2018 年 10 月 26 日第十三届全国人民代表大会常务委员会第六次会议《关于修改〈中华人民共和国野生动物保护法〉等十五部法律的决定》第一次修正　根据 2021 年 4 月 29 日第十三届全国人民代表大会常务委员会第二十八次会议《关于修改〈中华人民共和国道路交通安全法〉等八部法律的决定》第二次修正）

目　　录

第一章　总　　则

第一条　立法目的[1]

为了规范广告活动，保护消费者的合法权益，促进广告业的健康发展，维护社会经济秩序，制定本法。

条文注释

本条是关于立法目的的规定。根据本条的规定，制定本法的目的有四个，一是规范广告活动；二是保护消费者的合法权益；三是促进广告业的健康发展；四是维护社会经济秩序。

第二条　调整范围及定义

在中华人民共和国境内，商品经营者或者服务提供者通过一定媒介和形式直接或者间接地介绍自己所推销的商品或者服务的商业广告活动，适用本法。

本法所称广告主，是指为推销商品或者服务，自行或者委托他人设计、制作、发布广告的自然人、法人或者其他组织。

本法所称广告经营者，是指接受委托提供广告设计、制作、代理服务的自然人、法人或者其他组织。

本法所称广告发布者，是指为广告主或者广告主委托的广告经营者发布广告的自然人、法人或者其他组织。

---

① 条文主旨为编者所加，下同。

本法所称广告代言人，是指广告主以外的，在广告中以自己的名义或者形象对商品、服务作推荐、证明的自然人、法人或者其他组织。

第三条 内容和形式要求

广告应当真实、合法，以健康的表现形式表达广告内容，符合社会主义精神文明建设和弘扬中华民族优秀传统文化的要求。

典型案例

沈某某等诉置业公司供用热力合同案[①]［河南省平顶山市中级人民法院（2020）豫04民终884号民事判决书］

置业公司为销售房屋所制作的彩页，其实质上属于广告宣传。《广告法》第三条规定“广告应当真实、合法……符合社会主义精神文明建设和弘扬中华民族优秀传统文化的要求”。第四条第一款规定“广告不得含有虚假或者引人误解的内容，不得欺骗、误导消费者”。因此，置业公司应按彩页宣传的内容为住户提供供暖服务。

生效裁判认为，本案系供用热力合同纠纷，置业公司与沈某某等虽未签订书面的供暖合同，但是在当时涉案小区所在地区并无热力企业和热源的情况下，置业公司作为房屋销售方，其制作的广告宣传彩页内容明确表明涉案小区含有供暖设施，且其与沈某某等签订的《商品房买卖合同》和部分业主持有的《供气供暖补充协议》不仅对商品房买卖的具体条款进行了约定，还对供暖时间、供暖方式进行了约

① 除单独说明外，本书所引案例均取自中国裁判文书网等公开来源，以下不再提示。

定。因此，置业公司以自己的行为明确表示向沈某某等人提供集中供暖服务，沈某某等人对此亦予以接受，双方达成了供用热力合同法律关系，故沈某某等人是本案适格的原告，置业公司是本案适格的被告。

相关规定

《广告管理条例》第3条

第四条　真实性原则

广告不得含有虚假或者引人误解的内容，不得欺骗、误导消费者。

广告主应当对广告内容的真实性负责。

条文注释

本条是关于禁止虚假广告和广告主对广告内容真实性负责的规定。本法明确了广告主应当对广告内容的真实性负责，如果广告内容虚假、不真实，广告主应被追责。

第五条　基本行为规范

广告主、广告经营者、广告发布者从事广告活动，应当遵守法律、法规，诚实信用，公平竞争。

第六条　监督管理体制

国务院市场监督管理部门主管全国的广告监督管理工作，国务院有关部门在各自的职责范围内负责广告管理相关工作。

县级以上地方市场监督管理部门主管本行政区域的广告监督管理工作，县级以上地方人民政府有关部门在各自的职责范围内负责广告管理相关工作。

第七条　行业组织

广告行业组织依照法律、法规和章程的规定，制定行业规范，加强行业自律，促进行业发展，引导会员依法从事广告活动，推动广告行业诚信建设。

第二章　广告内容准则

第八条　广告表述

广告中对商品的性能、功能、产地、用途、质量、成分、价格、生产者、有效期限、允诺等或者对服务的内容、提供者、形式、质量、价格、允诺等有表示的，应当准确、清楚、明白。

广告中表明推销的商品或者服务附带赠送的，应当明示所附带赠送商品或者服务的品种、规格、数量、期限和方式。

法律、行政法规规定广告中应当明示的内容，应当显著、清晰表示。

条文注释

本条是关于广告表述应当准确、清楚、明白的规定。广告中对商品或者服务的重要信息的表示应当准确、清楚、明白。所谓准确、清楚、明白，一是要实事求是，客观、明确地作出表述，不能含混不清；二是要使普通消费者能够正确理解，不致误解。如果广告中宣称附带赠送商品或服务的，应当明确赠送商品或者服务的品种、规格、数量、期限和方式。一些特殊商品、服务可能对消费者产生重要影响，为更好地保护消费者合法权益，法律、行政法规对其广告中应当明示的内容作了明确规定，对于这些内容，广告中应当依法显著、清晰地表示。

典型案例

王某诉榴莲公司网络购物合同案 [北京市第四中级人民法院 (2020) 京04民终169号民事判决书]

2017年4月15日，王某在榴莲公司官方旗舰店购买涉案笔记本电脑。2017年7月18日，榴莲公司将涉案笔记本电脑在官方旗舰店下架。2017年7月31日，某计量质量检测研究院对涉案笔记本电脑的续航时间送样检验。2017年8月9日，某计量质量检测研究院出具检验报告："……检验结论：检测项目：续航时间，检测要求：样机充满电后断开电源适配器，开机等待系统加载完毕，设置屏幕亮度为50%，保持屏幕处于常亮状态，系统不进入睡眠状态，实测产品的续航时间应不低于10h。实测结果：符合要求。"庭审中，王某认可上述鉴定结论，不再申请鉴定。2017年9月11日，北京市工商行政管理局某分局向榴莲公司出具行政处罚决定书，其中，经查：榴莲公司官方旗舰店在销售涉案笔记本时使用了"长效续航10小时，可满足全天使用"字样的表述，经调查，此款产品在检测设定要求下，续航时间应不低于10小时，当事人承认上述表述文字内容没有说明因机器设置和使用环境等因素影响会造成电池实际续航能力可能会有变化的情况，出现了广告中对商品的性能、功能、用途、允诺等表示得不准确、不清楚、不明白的问题。依法作出罚款5000元的行政处罚。

生效裁判认为，王某从榴莲公司的官方旗舰店中购买涉案笔记本电脑，榴莲公司与王某双方之间建立了网络购物合同关系，该网络购物合同系双方当事人的真实意思表示，未违反法律、法规的强制性规定，应为合法有效。

《广告法》第八条第一款规定，广告中对商品的性能、功能、产地、用途、质量、成分、价格、生产者、有效期限、允诺等或者对服务的内容、提供者、形式、质量、价格、允诺等有表示的，应当准确、清楚、明白。榴莲公司销售网页中标注电池 52Whr，店铺宣传“长效续航 10 小时，可满足全天使用，注：满足一整天的电量所需”，原、被告认可使用涉案笔记本电脑看电影、玩游戏不可持续使用 10 小时。虽某计量质量检测研究院出具的检验报告已作出涉案同型号产品的续航时间不低于 10 小时的鉴定结论，但榴莲公司向王某销售涉案笔记本电脑，未能使王某实现签订该网络购物合同的目的，影响王某对涉案笔记本电脑的消费价值体验，故对王某提出的被告榴莲公司退还货款 39998 元的诉请，法院予以支持。据此，法院判令榴莲公司向王某退还货款的情况下，王某应将涉案笔记本电脑返还给榴莲公司。

第九条 一般禁止情形

广告不得有下列情形：

（一）使用或者变相使用中华人民共和国的国旗、国歌、国徽，军旗、军歌、军徽；

（二）使用或者变相使用国家机关、国家机关工作人员的名义或者形象；

（三）使用“国家级”、“最高级”、“最佳”等用语；

（四）损害国家的尊严或者利益，泄露国家秘密；

（五）妨碍社会安定，损害社会公共利益；

（六）危害人身、财产安全，泄露个人隐私；

（七）妨碍社会公共秩序或者违背社会良好风尚；

（八）含有淫秽、色情、赌博、迷信、恐怖、暴力的内容；

（九）含有民族、种族、宗教、性别歧视的内容；

（十）妨碍环境、自然资源或者文化遗产保护；

（十一）法律、行政法规规定禁止的其他情形。

实用问答

1. 问：使用绝对化用语但不适用《广告法》第9条第3项规定的情形有哪些？

答：根据《广告绝对化用语执法指南》第5条和第6条，使用绝对化用语但不适用《广告法》第9条第3项规定的主要有以下情形：

第一，有下列情形之一的，广告中使用绝对化用语未指向商品经营者所推销的商品，不适用《广告法》关于绝对化用语的规定：（一）仅表明商品经营者的服务态度或者经营理念、企业文化、主观愿望的；（二）仅表达商品经营者目标追求的；（三）绝对化用语指向的内容，与广告中推销的商品性能、质量无直接关联，且不会对消费者产生误导的其他情形。

第二，有下列情形之一的，广告中使用的绝对化用语指向商品经营者所推销的商品，但不具有误导消费者或者贬低其他经营者的客观后果的，不适用《广告法》关于绝对化用语的规定：（一）仅用于对同一品牌或同一企业商品进行自我比较的；（二）仅用于宣传商品的使用方法、使用时间、保存期限等消费提示的；（三）依据国家标准、行业标准、地方标准等认定的商品分级用语中含有绝对化用语并能够说明依据的；（四）商品名称、规格型号、注册商标或者专利中含有绝对化用语，广告中使用商品名称、规格型号、注册商标或者专利来指代商品，以区分其他商品的；（五）依据国家有关规定评定的奖项、称号中含有绝对化用语的；（六）在限定具体时间、地域等条件的情况下，表述时空顺序客观情况或者宣传产品销量、销售额、市场占有率等事实信息的。

2. 问：出现绝对化用语，但一般不认为属于违法行为轻微或者社会危害性较小的情形有哪些？

答：根据《广告绝对化用语执法指南》第11条，出现绝对化用语，但一般不认为属于违法行为轻微或者社会危害性较小的情形主要有：（一）医疗、医疗美容、药品、医疗器械、保健食品、特殊医学用途配方食品广告中出现与疗效、治愈率、有效率等相关的绝对化用语的；（二）招商等有投资回报预期的商品广告中出现与投资收益率、投资安全性等相关的绝对化用语的；（三）教育、培训广告中出现与教育、培训机构或者教育、培训效果相关的绝对化用语的。

典型案例

1. 某区市场监督管理局查处企业服务公司广告违法案件①

某区市场监督管理局调查查明，企业服务公司在网店展示页面中，发布含有“国徽”“军徽”等图案及“国务院办公厅”“中国人民解放军”“中华人民共和国公安部”等文字的产品图片，并配有“中办 国办 中纪委 头层牛皮手提包”“军中茅台酒”等广告宣传内容，存在变相使用国徽、军徽、国家机关名义等发布广告的违法情形，当事人的上述行为违反了《广告法》有关规定。

2023年7月，某区市场监督管理局依法对当事人作出罚款5万元的行政处罚。

① 《曝光！6起互联网广告典型案例》，载北京市市场监督管理局网，https：//scjgj.beijing.gov.cn/zwxx/scjgdt/202308/t20230807_3217585.html，2023年10月8日访问。

2. 某市市场监督管理局查处科技公司广告违法案件①

某市市场监督管理局调查查明，科技公司在其官网“招商加盟”页面展示客户案例，其中含有“人民政府、中华人民共和国教育部、发展和改革委员会、卫戍区”字样，并配有招商热线及食品净化机使用场景图片，存在变相使用国家机关名义发布广告的违法情形，当事人的上述行为违反了《广告法》有关规定。

2023年6月，某市市场监督管理局依法对当事人作出罚款5万元的行政处罚。

3. 电子商务公司发布使用国家机关、国家机关工作人员名义违法广告案（市场监管总局集中曝光一批涉导向违法广告典型案例②之五）

某市市场监管局调查查明，电子商务公司在其微信公众号上以直播形式发布推销农业开发公司相关产品的广告，广告中擅自使用国家机关、国家机关工作人员的名义或形象对富平墨玉圆盘纪念品进行营销宣传，上述行为违反了《广告法》有关规定。

2022年12月5日，某市市场监管局依法对电子商务公司作出罚款45万元的行政处罚。

4. 家用电器公司发布违法广告案（市场监管总局集中曝光一批涉导向违法广告典型案例③之四）

某区市场监管局调查查明，家用电器公司在其官方旗舰店上发布

---

① 《曝光！6起互联网广告典型案例》，载北京市市场监督管理局网，https：//scjgj. beijing. gov. cn/zwxx/scjgdt/202308/t20230807_ 3217585. html，2023年10月8日访问。

② 《市场监管总局集中曝光一批涉导向违法广告典型案例》，载国家市场监督管理总局网，https：//www. samr. gov. cn/xw/zj/art/2023/art _ 5307095cd29d444f81ba72c3b53c6a4a. html，2023年10月8日访问。

③ 《市场监管总局集中曝光一批涉导向违法广告典型案例》，载国家市场监督管理总局网，https：//www. samr. gov. cn/xw/zj/art/2023/art _ 5307095cd29d444f81ba72c3b53c6a4a. html，2023年10月8日访问。

含有“‘七七节’电器促销”等内容的广告，以“七七节”为名开展广告促销活动，损害我国国家尊严，上述行为违反了《广告法》有关规定。

2023 年 1 月 5 日，某区市场监管局依法对家用电器公司作出罚款 60 万元的行政处罚。

5. 某区市场监督管理局查处贸易公司广告违法案件[①]

某区市场监督管理局调查查明，贸易公司在其网店发布“五色土五谷粮”商品广告，含有“五谷粮寓意：使逝者有五谷吃，保佑后人家庭富裕，五谷丰登”“使用方法：可做风水摆件”等迷信内容。当事人的上述行为违反了《广告法》有关规定。

2023 年 4 月，某区市场监督管理局依法对当事人作出罚款 2 万元的行政处罚。

● ***相关规定***

《商标法》第 14 条；《妇女权益保障法》第 48 条；《广告管理条例》第 8 条

第十条 保护未成年人和残疾人

广告不得损害未成年人和残疾人的身心健康。

● ***相关规定***

《未成年人保护法》第 2 条、第 3 条、第 53 条；《残疾人保障法》第 3 条；《广告法》第 39 条、第 40 条

---

① 《曝光！6 起互联网广告典型案例》，载北京市市场监督管理局网，https：//scjgj. beijing. gov. cn/zwxx/scjgdt/202308/t20230807_ 3217585. html，2023 年 10 月 8 日访问。

第十一条　涉及行政许可和引证内容的广告

广告内容涉及的事项需要取得行政许可的，应当与许可的内容相符合。

广告使用数据、统计资料、调查结果、文摘、引用语等引证内容的，应当真实、准确，并表明出处。引证内容有适用范围和有效期限的，应当明确表示。

条文注释

本条是关于广告内容涉及行政许可和广告使用引证内容的规定。

广告内容涉及的事项需要取得行政许可的，主要包括两种情形：一种是对特殊商品或者服务，法律明确规定，其广告内容需要经过行政机关审查。另一种是法律、行政法规规定从事特定活动须经许可，广告内容涉及该项活动的。需要说明的是，广告内容涉及的事项应当与许可的内容“相符合”，具有两方面含义：一方面，广告内容不能偏离行政许可的原意，使社会公众产生与行政许可内容不同的理解，这是广告内容真实性、准确性的必然要求，也是本条对涉及行政许可的事项作出规定的目的所在。另一方面，不要求广告内容一字不差地照搬行政许可的内容，只要符合行政许可，在具体表现形式上可以采取多种艺术形式。

典型案例

餐饮公司诉科技公司、文化公司、装备公司不正当竞争案［山东省高级人民法院（2020）鲁民申6300号民事裁定书］

生效裁判认为，根据《反不正当竞争法》及其司法解释的有关规定，虚假宣传是指以捏造、虚构、歪曲事实或者其他误导性方式，对商品作出的与实际情况不符的宣传。引人误解的虚假宣传的本质是引人误解，只要宣传行为足以产生引人误解的效果，就构成了《反不正当竞争法》规定的引人误解的虚假宣传。本案中，判断科技公司、文化公司使用涉案广告语的行为是否构成虚假宣传，需要结合具体案情，审查涉案广告语是否真实、是否片面有歧义，是否易使相关公众产生误解等因素综合考量。首先，《广告法》第十一条第二款规定，广告使用数据、统计资料、调查结果、文摘、引用语等引证内容的，应当真实、准确，并表明出处。引证内容有适用范围和有效期限的，应当明确表示。第十二条第一款规定，广告中涉及专利产品或者专利方法的，应当标明专利号和专利种类。根据一审查明的事实，科技公司、文化公司使用涉案广告语时未标明数据来源，宣传产品专利时也未标明专利号和专利类型，违反了法律规定。其次，科技公司、文化公司使用涉案广告语“移动餐车唯一专利正品”“中国前10的大型连锁餐饮集团”“百分之九十九的盈利率”“百分之七十的市场份额”“行业领军企业”“使用寿命比同类产品多三倍”，均未提交有效证据证明相关数据，其宣传内容与事实不符，这种虚假宣传会对相关公众选择购买餐车类产品产生一定影响，并使科技公司、文化公司在餐车市场上获得不正当竞争优势，扰乱正常的市场竞争秩序，损害其他同行业经营者的合法权益，也损害餐饮公司的合法权益。

● *相关规定*

《行政许可法》第2条；《广告法》第47条

第十二条　涉及专利的广告

广告中涉及专利产品或者专利方法的，应当标明专利号和专利种类。

未取得专利权的，不得在广告中谎称取得专利权。

禁止使用未授予专利权的专利申请和已经终止、撤销、无效的专利作广告。

● *相关规定*

《专利法》第2条

第十三条 广告不得含有贬低内容

广告不得贬低其他生产经营者的商品或者服务。

● *典型案例*

食品公司诉文化公司商业诋毁案（陕西省高级人民法院发布10起消费者权益保护典型案例[①]之七）

文化公司制作并在其短视频平台账户上发布了短视频《三招挑选优质列巴》，视频中对包括该文化公司经营的“××黑麦列巴”和食品公司生产的“××黑麦坚果列巴”、“××黑芝麻坚果列巴”在内的数款列巴产品进行比对评测。视频中，主播称食品公司的列巴颜色实际上是染出来的，用的是普通黄油，而自己的列巴则是只有黑麦粉，用的是最好的黄油；其他列巴的核桃是用“化学药水去过皮”。该文化公司在短视频平台的自营账号粉丝量较大，有一定影响力。食品公司认为该文化公司此举损害了其商业信誉与商品声誉，遂起诉至法院。

法院认为，该文化公司以测评类短视频形式发布比较型广告，应尽到谨慎注意义务，其通过对比、贬损等方式对食品公司的产品进行

① 《陕西高院发布10件消费者权益保护典型案例》，载陕西法院网，http：//sxgy. sxfyw-court. gov. cn/article/detail/2023/03/id/7191684. shtml，2023年10月18日访问。

了引人误解的描述，明显超出了对产品进行正常评论和介绍的合理限度，并且会对消费者的选择意愿和购买决定产生误导。该文化公司的行为构成商业诋毁，判决该文化公司在短视频平台上发布道歉声明，赔偿食品公司经济损失及合理费用8万元。该文化公司提起上诉，二审法院驳回上诉，维持原判。

近年来，短视频异军突起，以“短视频+带货”为核心的新型电商营销模式，已成长为数字经济背景下的流量新业态。但是过度宣传、弄虚作假、误导消费等问题也随之而来。市场主体以测评之名行营销之实，违反商业道德和诚实信用准则，发布不实或误导性短视频，不仅严重损害竞争对手商誉，破坏互联网公平竞争的市场秩序，更是频频挑战消费者的用户信任和甄别能力，侵害消费者权益。本案警示市场主体在做产品宣传时，要从测评模式、竞争优势、消费者价值判断、特定竞争对手的商品声誉和商业信誉等维度进行综合考量，营造公平竞争、有序发展的互联网市场经济环境，保护消费者合法权益。

相关规定

《反不正当竞争法》第11条

第十四条 广告可识别性以及发布要求

广告应当具有可识别性，能够使消费者辨明其为广告。

大众传播媒介不得以新闻报道形式变相发布广告。通过大众传播媒介发布的广告应当显著标明“广告”，与其他非广告信息相区别，不得使消费者产生误解。

广播电台、电视台发布广告，应当遵守国务院有关部门关于时长、方式的规定，并应当对广告时长作出明显提示。

条文注释

本条是关于广告可识别性以及广播电台、电视台发布广告的时长、方式的规定。

实践中，有的大众传播媒介以新闻报道形式发布广告，混淆了广告和新闻的界限，如以通信、评论、消息、人物专访、专家访谈、纪实报道、报告文学、专家咨询、科普宣传等形式发布广告；或者是不标明“广告”标记，而使用“专版”“专题”“企业形象”等非广告标记；或者是在新闻报道中标明企业的详细地址、邮编、电话、电子邮箱等联系方式方法，变相为企业进行商业宣传。这种做法滥用了社会公众对新闻的信任，容易误导社会公众，损害消费者的利益。因此，本条第2款中特别强调，大众传播媒介不得以新闻报道形式变相发布广告。

典型案例

智能电视开机广告公益诉讼案（江苏省高级人民法院发布2021年度十大典型案例[①]之四）

电子科技公司是L智能电视的经营者。2019年3月16日，某省消费者权益保护委员会（以下简称某省消保委）接到一名消费者的投诉，反映电子科技公司销售的智能电视存在开机广告且不能关闭，某省消保委随即展开调查。根据调查结果，某省消保委集中约谈了包括电子科技公司在内的多家市场占有率较高的智能电视经营者，要求按期整改。

经过集中约谈，部分智能电视经营者先后向某省消保委发送整改情况回复函，但电子科技公司迟迟未整改。为维护众多不特定消费者的合法权益，某省消保委依法提起公益诉讼，要求电子科技公司在销

---

① 《江苏法院2021年度十大典型案例》，载江苏法院网，http：//www.jsfy.gov.cn/article/91585.html，2023年10月15日访问。

售智能电视时以显著方式提示或告知消费者存在开机广告，并提供一键关闭开机广告功能。

诉讼中，电子科技公司陈述，其已经提供开机广告一键关闭功能，是在15秒开机广告剩余5秒的时候出现一键关闭窗口。某省消保委主张，电子科技公司应当在智能电视开机广告播放的同时提供一键关闭广告功能，即在开机广告播放时可以立即关闭、随时关闭。

江苏省南京市中级人民法院一审认为，被告生产和销售的智能电视加载了开机广告，消费者开机后会自动播放15秒左右的广告，直到最后5秒时才弹出一键关闭窗口，侵害了消费者的选择权，降低了消费者观看电视的体验，侵害了众多不特定消费者的合法权益。据此，江苏省南京市中级人民法院于2020年11月10日作出（2020）苏01民初62号民事判决，判令被告为其销售的带有开机广告的智能电视在开机广告播放的同时提供一键关闭功能。电子科技公司不服，上诉至江苏省高级人民法院。

江苏省高级人民法院二审认为，智能电视厂家有权播放开机广告，但必须保障消费者拒绝接收商业信息的选择权；智能电视生产者，也是开机广告的经营者，应按照法律规定设置一键关闭功能，确保在播放开机广告时消费者能够即时、彻底地关闭广告，而不能设置消费者行使权利的技术障碍。

据此，江苏省高级人民法院于2021年3月23日作出（2021）苏民终21号民事判决：驳回上诉，维持原判。判决生效后，电子科技公司对新生产的智能电视机设置了即时一键关闭功能。

本案是全国首例因智能电视开机广告引发的消费民事公益诉讼案件，也是第一起由高级人民法院作出消费民事公益诉讼终审判决的案件。本案不仅直接关涉众多不特定消费者的合法权益，也间接影响数十家智能电视生产企业的利益，还可能对于未来智能电视行业的发展产生引导作用，是当前数字经济下不同民事主体间权利冲突的缩影。

本案审理过程中，人民法院充分发挥司法裁判指引作用，一方面认可智能电视经营者播放开机广告的权利，另一方面也强调播放开机广告必须按照法律规定设置一键关闭功能，维护消费者自主选择权，合理确定了权利边界和行为界限，平衡了各方利益冲突，为服务保障构建充满活力的消费市场环境，规范新产业新业态新模式健康发展贡献了司法智慧。

相关规定

《广播电视广告播出管理办法》第 13~27 条

第十五条 处方药、易制毒化学品、戒毒等广告

麻醉药品、精神药品、医疗用毒性药品、放射性药品等特殊药品，药品类易制毒化学品，以及戒毒治疗的药品、医疗器械和治疗方法，不得作广告。

前款规定以外的处方药，只能在国务院卫生行政部门和国务院药品监督管理部门共同指定的医学、药学专业刊物上作广告。

条文注释

本条是关于禁止和限制处方药，药品类易制毒化学品以及戒毒治疗的医疗器械和治疗方法作广告的规定。麻醉药品、精神药品、医疗用毒性药品、放射性药品等特殊药品，药品类易制毒化学品，以及戒毒治疗的药品、医疗器械和治疗方法，一方面是医疗、戒毒活动中所必需，使用得当，有利于治疗疾病、缓解患者痛苦、戒除毒瘾；另一方面潜在危害性很大，一旦使用不当，有可能导致成瘾、损害身体健

康，甚至危及生命安全。对其应当实行最严格的管理。因此，本条第1款规定，上述药品、化学品和医疗器械、治疗方法不得作广告。除前述禁止作广告的处方药外，其他处方药属于严格控制广告发布范围的特殊药品。其他处方药的广告宣传只能以医师等医学药学专业人士为对象，只能在国务院卫生行政部门和国务院药品监督管理部门共同指定的医学、药学专业刊物上作介绍。也就是说，其他处方药既不得在指定刊物以外的其他刊物作广告，也不得在广播、电影、电视、报纸、图书、音像制品、电子出版物、移动通信网络、互联网等大众传播媒介作广告，也不得以其他任何方式向社会公众进行广告宣传。

典型案例

医疗美容公司发布违法医疗美容广告案（市场监管总局集中曝光一批医疗美容虚假违法广告典型案例①之八）

当事人在“祛斑项目”美容服务宣传中使用“清除色斑源头干净彻底”等表示治疗功效的广告用语；在“瘦脸针”美容服务宣传中对“衡力肉毒素瘦脸”等医疗用毒性药品进行广告宣传。

当事人的上述广告行为违反《广告法》相关规定。2021年9月，某区市场监督管理局依法对当事人作出罚款15万元的行政处罚。

相关规定

《禁毒法》第36条

---

① 《市场监管总局集中曝光一批医疗美容虚假违法广告典型案例》，载国家市场监督管理总局网，https：//www.samr.gov.cn/xw/zj/art/2023/art_218ba45eff46416a98e869d35038b415.html，2023年10月8日访问。

第十六条 医疗、药品、医疗器械广告

医疗、药品、医疗器械广告不得含有下列内容：

（一）表示功效、安全性的断言或者保证；

（二）说明治愈率或者有效率；

（三）与其他药品、医疗器械的功效和安全性或者其他医疗机构比较；

（四）利用广告代言人作推荐、证明；

（五）法律、行政法规规定禁止的其他内容。

药品广告的内容不得与国务院药品监督管理部门批准的说明书不一致，并应当显著标明禁忌、不良反应。处方药广告应当显著标明“本广告仅供医学药学专业人士阅读”，非处方药广告应当显著标明“请按药品说明书或者在药师指导下购买和使用”。

推荐给个人自用的医疗器械的广告，应当显著标明“请仔细阅读产品说明书或者在医务人员的指导下购买和使用”。医疗器械产品注册证明文件中有禁忌内容、注意事项的，广告中应当显著标明“禁忌内容或者注意事项详见说明书”。

实用问答

问：如何理解医疗、药品、医疗器械广告不得含有表示功效、安全性的断言或者保证？

答：医疗、药品、医疗器械都是通过作用于人体，达到预防、诊断、治疗的效果，这种效果都含有一定的差异性、不确定性。一方面，医疗、药品、医疗器械自身存在不确定性。另一方面，使用者存在个体差异。因此，医疗、药品、医疗器械广告要充分考虑这种差异

性、不确定性。在医疗、药品、医疗器械广告中作出表示功效、安全性的断言或者保证，如“包治百病”“药到病除”“根治”“一个疗程见效”“无效退款”“绝对安全”“无任何副作用”等，都是违反科学规律的，可能对消费者造成误导，应当予以禁止。

典型案例

1. 某市市场监管局查处某县人民医院广告违法案（市场监管总局集中曝光十起“神医神药”违法广告典型案例[①]之二）

某市市场监管局调查查明，某县人民医院通过微信公众号“某县人民医院健康某县”发布未经审查的“某县人民医院碎石科常规开展冲击波碎石、肺功能检测和骨密度检测”等医疗广告，其中含有“引进最新一代体外冲击波碎石机、肺功能检测仪和骨密度测量仪”等虚假内容；发布含有“患者宋先生（化名）、疾病名称脑桥缺血新病灶、治疗效果明显好转、言语笨拙的症状也消失了”等利用患者形象及说明治愈率内容的医疗广告。

当事人的上述行为违反了《广告法》有关规定，2023年2月，某市市场监管局依法对当事人作出罚款30万元的行政处罚。

2. 某市市场监管局查处医药公司第二百四十八店广告违法案件（市场监管总局集中曝光十起“神医神药”违法广告典型案例[②]之九）

某市市场监管局调查查明，医药公司第二百四十八店销售“阿胶强骨口服液、江中多维元素片、驴胶补血颗粒、气血康口服液”药品

---

① 《市场监管总局集中曝光十起“神医神药”违法广告典型案例》，载国家市场监督管理总局网，https：//www.samr.gov.cn/xw/zj/art/2023/art_88dfd18e90bf4d8eac70d8a71182f81e.html，2023年10月8日访问。

② 《市场监管总局集中曝光十起“神医神药”违法广告典型案例》，载国家市场监督管理总局网，https：//www.samr.gov.cn/xw/zj/art/2023/art_88dfd18e90bf4d8eac70d8a71182f81e.html，2023年10月8日访问。

时，自制的广告宣传牌内容与药品监督管理部门批准的说明书中功能主治内容、成分不一致。

当事人的上述行为违反了《广告法》有关规定，2023 年 3 月，某市市场监管局依法对当事人作出罚款 10.8 万元的行政处罚。

3. 妇幼保健院发布违法医疗美容广告案（市场监管总局集中曝光一批医疗美容虚假违法广告典型案例[①]之十）

当事人发布“妊娠纹修复管理系统”“特效专治换肤后及后天性的红血丝”“冰点无痛脱毛、永久脱掉烦恼”“360°全效祛斑”等内容的医疗广告，分别标有“高效、安全、无痕唤醒细胞生长基因 修复内部组织细胞” “终生永不反弹、安全保障、见效快、无损伤”“冰点无痛脱毛、永久脱掉烦恼、智能安全、方便美观、轻松无痛、效果持久”等对医疗功效、安全性的断言和保证。

当事人的上述广告行为违反《广告法》相关规定。2021 年 5 月，某县市场监督管理局依法对当事人作出罚款 10 万元的行政处罚。

4. 某县电视台虚假药品广告案（检察机关打击侵犯消费者权益犯罪典型案例[②]之七）

某县电视台长期持续播放“鼻清堂” “九千堂五色灵芝胶囊”“百寿安益康胶囊”“苗老八远红外磁疗巴布贴”“腰息痛胶囊”等药品广告。该系列药品广告时长 6 分钟至 12 分钟不等，在广告中变相使用国家领导人名义推荐产品，使用“当天服用，当天见效，只需 90 天，从头好到脚”“同时治疗 80 多种疾病”等宣传用语，称能有效应

---

① 《市场监管总局集中曝光一批医疗美容虚假违法广告典型案例》，载国家市场监督管理总局网，https：//www. samr. gov. cn/xw/zj/art/2023/art_ 218ba45eff46416a98e869d35038b415. html，2023 年 10 月 8 日访问。

② 《检察机关打击侵犯消费者权益犯罪典型案例》，载最高人民检察院网，https：//www. spp. gov. cn/xwfbh/wsfbt/201903/t20190322_ 412539. shtml，2023 年 10 月 8 日访问。

对心脑血管疾病、糖尿病、腰椎病、风湿骨病等多种疾病，聘请了本地多位慢性腰腿病患者、前列腺炎患者、中风患者、风湿患者做代言人推荐上述药品。

某县检察院立案审查后分别向某县食品药品工商质量监督管理局、某县文体广电新闻出版局发出诉前检察建议，建议某县食品药品工商质量监督管理局严格依法履行职责，责令停止发布广告，责令广告主在相应范围内消除影响，并处以罚款；对广告经营者、广告发布者没收广告费用，并处以罚款。建议某县文体广电新闻出版局责令某县电视台停止播放违法广告，给予警告或并处罚款。

收到检察建议后，某县食品药品工商质量监督管理局、某县文体广电新闻出版局立即责令某县电视台停播违法广告，某县电视台于2018年4月30日停止播放此类广告。某县食品药品工商质量监督管理局于同年6月20日对某县电视台作出行政处罚告知，对某县电视台给予行政处罚，对广告主的行政违法行为立案查处。某县文体广电新闻出版局已责令某县电视台停止违法行为，并给予警告。

虚假医药广告多存在任意扩大产品适应症范围、绝对化夸大药品疗效等情形，严重欺骗和误导消费者，轻则致使消费者财产受损，重则导致消费者延误病情，甚至危及生命安全。本案中，检察机关通过发挥公益诉讼监督职能，督促负有监督管理职责的行政机关依法履职，有力整治了医药用品虚假宣传，有效震慑了违法生产、销售虚假医药产品的行为，也有利于防止行政部门监管缺位现象的发生，维护了人民群众尤其是农村居民和老年人的生命健康和财产安全。

相关规定

《药品管理法》第89~91条；《医疗广告管理办法》；《药品、医疗器械、保健食品、特殊医学用途配方食品广告审查管理暂行办法》

第十七条 禁止使用医药用语

除医疗、药品、医疗器械广告外，禁止其他任何广告涉及疾病治疗功能，并不得使用医疗用语或者易使推销的商品与药品、医疗器械相混淆的用语。

实用问答

问：《食品安全法》中对食品广告虚假宣传，有哪些条款作出了规定？

答：根据《食品安全法》第 73 条，食品广告的内容应当真实合法，不得含有虚假内容，不得涉及疾病预防、治疗功能。食品生产经营者对食品广告内容的真实性、合法性负责。县级以上人民政府食品安全监督管理部门和其他有关部门以及食品检验机构、食品行业协会不得以广告或者其他形式向消费者推荐食品。消费者组织不得以收取费用或者其他牟取利益的方式向消费者推荐食品。

典型案例

1. **某区市场监管局查处医药公司广告违法案**（市场监管总局集中曝光十起“神医神药”违法广告典型案例①之四）

某区市场监管局调查查明，医药公司发布的普通食品广告中含有“降血糖”“健脾、养胃”“祛湿”等内容，宣称疾病治疗功能，发布的医疗器械广告中含有“鼻窦炎、特效”等对功效的保证的内容。

当事人的上述行为违反了《广告法》有关规定，2023 年 5 月，某区市场监管局依法对当事人作出罚没款 20.87 万元的行政处罚。

---

① 《市场监管总局集中曝光十起“神医神药”违法广告典型案例》，载国家市场监督管理总局网，https://www.samr.gov.cn/xw/zj/art/2023/art_88dfd18e90bf4d8eac70d8a71182f81e.html，2023 年 10 月 8 日访问。

2. **某市市场监管局查处广播电视台广告违法案件**（市场监管总局集中曝光十起“神医神药”违法广告典型案例[①]之八）

某市市场监管局调查查明，广播电视台发布农副产品“××金不换三七”广告，广告中含有“可辅助治疗中风、偏瘫、心悸、胸痛”“可以防治冠心病、心绞痛、急性脑血管病、血栓性静脉炎等疾病”等内容，对普通食品宣称疾病预防治疗功能。

当事人的上述行为违反了《广告法》有关规定，2023年1月，吉林省四平市市场监管局依法对当事人作出罚没款15万元的行政处罚。

3. **某市市场监管局查处视光眼镜店发布虚假违法广告案**（市场监管总局集中曝光一批虚假违法近视防控广告典型案例[②]之四）

某市市场监管局调查查明，视光眼镜店利用宣传单、微信公众号发布“一款可以控制近视的神奇眼镜！永康智能降度镜——让天下没有近视的孩子、眼睛贵？还是眼镜贵？”“弱视消除，100%提升视力、无效退款”等广告内容。上述广告涉及近视治疗功能，并使用医疗用语相混淆的用语。

当事人的上述行为违反了《广告法》有关规定，2021年5月26日，某市市场监管局依法对当事人作出罚款20万元的行政处罚。

---

① 《市场监管总局集中曝光十起“神医神药”违法广告典型案例》，载国家市场监督管理总局网，https://www.samr.gov.cn/xw/zj/art/2023/art_88dfd18e90bf4d8eac70d8a71182f81e.html，2023年10月8日访问。

② 《市场监管总局集中曝光一批虚假违法近视防控广告典型案例》，载国家市场监督管理总局网，https://www.samr.gov.cn/xw/zj/art/2023/art_c2199093c9174802b50ccc0ac91a6847.html，2023年10月8日访问。

4. 姜某某诉某市市场监督管理局、某市人民政府食品广告行政处罚及行政复议案（人民法院抓实公正与效率践行社会主义核心价值观典型案例[①]之十二）

2018年6月至12月，姜某某通过微信朋友圈发布产品广告，宣称该产品可以治疗多种疾病。该产品实为普通食品，不具有任何治疗疾病功能。2018年12月17日，某市市场监督管理局对姜某某进行立案调查并作出行政处罚决定，对姜某某罚款10万元。姜某某不服，向某市人民政府申请行政复议。2019年11月12日，某市人民政府作出维持复议决定。姜某某仍不服诉至法院，请求撤销处罚决定和复议决定。

海南省某市中级人民法院认为，姜某某长期在微信朋友圈中发布虚假广告信息，将属于普通食品而非药品的富迪小分子肽，虚假宣传能够治疗疾病，混淆药品和普通食品的区别，误导不明真相的消费者或患者，尤其是辨别能力不强的老年人，很可能耽误最佳治疗时机，给消费者或患者带来无法挽回的人身损害，依法应当予以处罚。故判决驳回姜某某的诉讼请求。

虚假药品广告欺骗、误导消费者，严重危害人民群众生命健康。行为人通过朋友圈大肆虚假宣传普通食品能治疗各种疾病甚至“包治百病”，误导不明真相的消费者或患者。分辨能力较差的老年患者，甚至重症患者信以为真，购买大量产品，耽误最佳治疗时机，最后落个“人财两空”。姜某某等人长期在微信朋友圈中发布虚假广告信息，误导不明真相的消费者或患者，不仅违背了诚信原则，还具有严重的社会危害性。微信朋友圈等网络平台不是法外之地，在朋友圈进行虚

① 《人民法院抓实公正与效率践行社会主义核心价值观典型案例》，载最高人民法院网，https：//www. court. gov. cn/zixun/xiangqing/408162. html，2023年10月8日访问。

假宣传必将受到法律严惩，本判决既打击了虚假广告行为，又维护了人民群众生命健康安全，弘扬了社会主义核心价值观，取得良好的社会效果。

第十八条 保健食品广告

保健食品广告不得含有下列内容：

（一）表示功效、安全性的断言或者保证；

（二）涉及疾病预防、治疗功能；

（三）声称或者暗示广告商品为保障健康所必需；

（四）与药品、其他保健食品进行比较；

（五）利用广告代言人作推荐、证明；

（六）法律、行政法规规定禁止的其他内容。

保健食品广告应当显著标明“本品不能代替药物”。

实用问答

1. 问：消费者防范食品保健食品欺诈和虚假宣传违法违规行为，应当注意哪些？

答：消费者在食品保健食品识假防骗方面应主要关注：

一看销售场所资质。到证照齐全的正规场所购买产品，特别要注意有没有营业执照和食品经营许可证。通过网络、会议、电视、直销和电话等方式购买产品，也应先行确认资质信息。

二查外包装和说明书。仔细查看外包装标签标识产品相关信息，做好“四不”：不要购买无厂名、厂址、生产日期和保质期的产品；不要购买标签上没有食品生产许可证号的预包装食品；不要购买标签或说明书中提及可以预防疾病、有治疗功能的产品；不要购买标签上没有保健食品批准文号，但声称是保健食品的产品。

三辨广告和宣传内容。科学、理性看待食品、保健食品广告和宣传，凡声称疾病预防、治疗功能的，一律不要购买；保健食品广告中未声明“本品不能代替药物”的，一律不要购买；不要盲目参加任何以产品销售为目的的知识讲座、专家报告等。

2. 问：为什么不得与药品、其他保健食品进行比较？

答：药品用于疾病预防、诊断、治疗，保健食品用于调节人体机能，二者本身不具有可比性，不能进行比较；即使同为保健食品，其功效、适用人群也可能存在差异，需要根据使用者的各方面情况综合判断，对不同的保健食品进行比较也是不科学的。

典型案例

某市市场监管局查处健康生活馆广告违法案件（市场监管总局集中曝光十起“神医神药”违法广告典型案例①之三）

某市场监管局调查查明，健康生活馆发布某品牌保健品“番茄红素多烯酸乙酯软胶囊”和“达洛康胶囊”广告，其中含有“增强人体免疫力，攻克血栓，对心脑血管疾病、动脉硬化等疾病均有较好疗效”“纯天然植物提取保健品更安全呵护您的健康！调节血脂”等内容，夸大产品用途，对保健食品宣称疾病治疗功能。

当事人的上述行为违反了《广告法》有关规定，2023 年 4 月，某市市场监管局依法对当事人作出罚款 25 万元的行政处罚。

---

① 《市场监管总局集中曝光十起“神医神药”违法广告典型案例》，载国家市场监督管理总局网，https://www.samr.gov.cn/xw/zj/art/2023/art_88dfd18e90bf4d8eac70d8a71182f81e.html，2023 年 10 月 8 日访问。

第十九条 禁止变相发布广告

广播电台、电视台、报刊音像出版单位、互联网信息服务提供者不得以介绍健康、养生知识等形式变相发布医疗、药品、医疗器械、保健食品广告。

条文注释

本条是关于禁止变相发布医疗、药品、医疗器械、保健食品广告的规定。

以介绍健康、养生知识为名，行发布医疗、药品、医疗器械、保健食品广告之实，具有较大的危害性：一是广告内容缺乏有效监管。医疗、药品、医疗器械、保健食品关系人民群众身体健康，本法对其发布前审查、发布方式、应当标明的内容、禁止含有的内容都作了专门、明确的规定；以介绍健康、养生知识等形式变相发布广告，往往违反前述规定，脱离有效监管，且容易导致消费者误服误用。二是容易骗取消费者信任。为此，本条作出明确规定，禁止广播电台、电视台、报刊音像出版单位、互联网信息服务提供者以介绍健康、养生知识等形式变相发布医疗、药品、医疗器械、保健食品广告。以介绍健康、养生知识等形式变相发布广告，淡化了商业味道，隐蔽性强；借助社会公众对广播电台、电视台、报刊音像出版单位、互联网信息服务提供者的信赖，容易吸引消费者购买和使用。

典型案例

某市人民检察院督促整治违法电视广告行政公益诉讼案（人民监督员参与和监督检察公益诉讼办案活动典型案例[①]之五）

湖南省部分电视频道发布的食品药品等电视广告存在以患者形象做推荐证明、以介绍健康养生等形式变相发布“三品一械”广告、含有功效安全性断言、含有误解内容以及超时播放等违法情形，同一违法电视广告重复播、换台播、重新播现象比较普遍。

2020年初，最高人民检察院将本案线索交办湖南省人民检察院（以下简称湖南省院），湖南省院、某市人民检察院（以下简称市检察院）实行一体化办案，于2021年4月、8月分别立案调查。经调查发现，市场监督管理部门（以下简称市监部门）和广播电视行政部门（广电部门）对违法电视广告的监管存在线索处理不及时、信息不对称、处罚力度不大、处理手段单一等监管不到位问题，违法电视广告持续播出，让电视观众尤其中老年观众误信广告产品功能不当消费，侵犯了消费者知情权，可能危及其人身和财产安全，损害了社会公共利益。2021年8月底、9月底，省、市检察院两次与市监部门、广电部门进行磋商，充分听取双方意见，达成齐抓共管共识。事后，市监部门、广电部门积极作为，虽采取了一些监管措施，但违法电视广告仍屡禁不止。

2021年10月9日，省、市检察院围绕“电视频道发布违法电视广告是否损害社会公共利益、行政机关是否需要加强监管”召开公开听证会，邀请7位各界人士担任听证员，并从省、市级人民监督员名单中各邀请一名人民监督员全程监督。人民监督员在听证会发表监督

① 《人民监督员参与和监督检察公益诉讼办案活动典型案例》，载最高人民检察院网，https：//www.spp.gov.cn//xwfbh/dxal/202212/t20221220_596157.shtml，2023年10月20日访问。

意见，认为检察机关对违法电视广告的监督有必要，建议：1. 违法电视广告的危害性很大，严重损害社会公共利益。2. 要加强市监部门和广电部门内部监管机制，包括广告审核、发布、违法广告查处等环节要明晰化、规范化、制度化，责任到人。3. 行政查处存在查处不到位、力度不足的问题。市监部门对广告主、广告经营者的监管不力，检察机关与省消费者权益保护委员会可以发挥民事公益诉讼的职能作用。4. 要实现市监、广电等行政机关对违法信息的联动共享共治，建议形成全国一盘棋。5. 检察机关可以不定期组织对播出电视广告“回头看”，引导社会组织、人民监督员在内的社会力量共同监督。该监督意见被采纳，听证会形成了健全行政机关内部监管机制、各部门信息共享联动机制、加大查处力度、引导社会力量共同监督的决议。

听证会后，省、市检察院持续跟进监督，市检察院于 2021 年 10 月向市监部门制发行政公益诉讼检察建议和社会治理检察建议，省检察院于 2022 年 6 月向广电部门制发检察建议。收到检察建议后，相关部门积极推进电视频道发布违法电视广告整改工作。市监部门进一步加大了执法力度，开展专项检查，建立严格广告监管的长效机制，出台《市监局违法广告线索处置办法（试行）》，并与广电局建立监管信息通报机制，强化广告“三审”制度，把“事后监管”转化为“事前指导”，堵塞监管漏洞，形成监管合力。广电部门及所辖电视台及时向省检察院提交了整改情况报告，广电部门多次专题研究整改方案，开展集体约谈，核查检察院移交线索，督促电视频道全面自查，开展专项整治百日行动并常态化，主动与省检察院、市监部门沟通，拟共同制定关于以检察公益诉讼推进违法广告综合治理的意见，建立健全广告监管长效机制。

截至 2022 年 10 月，省、市检察院持续开展“回头看”发现，电视频道广告总时长减少，“三品一械”广告基本禁止，电视荧屏得到有效净化。省市两级检察院将“回头看”专项跟进监督结果及时向两名人民监督员进行反馈，并告知其意见采纳情况。

发布违法食品药品等电视广告欺骗、诱导消费者尤其是中老年人过度消费现象，已成为广告行业的“顽瘴痼疾”。省、市检察院充分发挥公益诉讼检察监督、支持和协同职能，主动邀请省、市级人民监督员监督办案活动，通过诉前磋商、公开听证、检察建议、持续跟进监督等方式实行一体化办案，采纳监督意见，督促相关职能部门厘清职责、依法查处、建章立制、堵塞漏洞，破解违法电视广告“老大难”问题，凝聚社会共识，形成监管合力，从行政、司法、社会层面加强监管、净化荧屏，把好电视广告源头审核关、末端播出关，营造风清气正的电视广告市场秩序，切实守护中老年人的美好生活。

相关规定

《广告法》第 59 条、第 68 条

第二十条 母乳代用品广告

禁止在大众传播媒介或者公共场所发布声称全部或者部分替代母乳的婴儿乳制品、饮料和其他食品广告。

典型案例

婴幼儿营养品公司发布违法广告案①

2021 年 1 月 12 日，婴幼儿营养品公司与网络科技公司签订《服务采购年度合同》，约定由网络科技公司提供品牌搜索引擎优化服务，

① 《奶粉广告声称可替代母乳 厂家被罚 20 万元》，载中国消费网，https：//www.ccn.com.cn/Content/2022/04-01/2308323153.html，2023 年 10 月 15 日访问。

通过网络平台发布婴幼儿营养品公司的产品宣传信息，其中包含亲乳宣传。在所签订的合同中，约定将搜索关键词“最接近母乳的奶粉”“亲乳奶粉”“哪种奶粉最接近母乳”“接近母乳的奶粉有哪些牌子”等与婴幼儿营养品公司经营的某奶粉品牌关联，消费者通过搜索上述关键词，可在结果中靠前出现婴幼儿营养品公司产品，即在搜索引擎前排页面以及下拉框中出现某奶粉品牌。

在这些搜索引擎出现多条明示或暗示某奶粉品牌可替代母乳的广告内容，例如：“亲乳奶粉##最接近母乳的奶粉#新型全价母乳结构脂的开发，无论是对提升中国科研实力或是乳业影响力，都具有里程碑式的意义。极大地提升了中国乳业在全球的话语权，也意味着中国将由此进入引领全球母乳研究的新时代”“他来了他来了，最接近母乳的奶粉来了……为了找到最接近母乳的奶粉，总换奶粉对宝宝来说也未必是好事，所以建议大家在最初的时候，就给宝宝选到一款优秀的口粮。某奶粉品牌是不错的选择，这款奶粉味道清淡，和母乳味道很相似……”“断奶：奶粉选对了，全家皆大欢喜。有消息称某品牌奶粉核心技术能使母乳脂肪相似度高达90%，为了避免踩坑一定要研究下”……

某区市场监管局执法人员认为，婴幼儿营养品公司通过采购搜索引擎优化服务的形式在互联网发布“最接近母乳的奶粉”“亲乳奶粉”等广告的行为违反《广告法》第二十条“禁止在大众传播媒介或者公共场所发布声称全部或者部分替代母乳的婴儿乳制品、饮料和其他食品广告”的规定。2022 年 1 月 21 日，某区市场监管局向婴幼儿营养品公司送达《行政处罚听证告知书》，告知拟作出行政处罚的事实、理由、依据、处罚内容及当事人的权利。婴幼儿营养品公司在法定期限内没有提出听证或陈述申辩意见。2022 年 3 月 30 日，某区市场监管局依据《广告法》《行政处罚法》的相关规定，对婴幼儿营养品公司作出行政处罚，罚款20万元，并责令停止发布违法广告。

第二十一条 农药、兽药、饲料和饲料添加剂广告

农药、兽药、饲料和饲料添加剂广告不得含有下列内容：

（一）表示功效、安全性的断言或者保证；

（二）利用科研单位、学术机构、技术推广机构、行业协会或者专业人士、用户的名义或者形象作推荐、证明；

（三）说明有效率；

（四）违反安全使用规程的文字、语言或者画面；

（五）法律、行政法规规定禁止的其他内容。

相关规定

《农药广告审查发布规定》；《兽药广告审查发布规定》

第二十二条 烟草广告

禁止在大众传播媒介或者公共场所、公共交通工具、户外发布烟草广告。禁止向未成年人发送任何形式的烟草广告。

禁止利用其他商品或者服务的广告、公益广告，宣传烟草制品名称、商标、包装、装潢以及类似内容。

烟草制品生产者或者销售者发布的迁址、更名、招聘等启事中，不得含有烟草制品名称、商标、包装、装潢以及类似内容。

条文注释

本条是关于禁止烟草广告的规定。

为保护未成年人的身体健康，防止青少年吸烟，本条专门增加规定，禁止向未成年人发送任何形式的烟草广告。

相关规定

《烟草专卖法》第 18 条

第二十三条 酒类广告

酒类广告不得含有下列内容：

（一）诱导、怂恿饮酒或者宣传无节制饮酒；

（二）出现饮酒的动作；

（三）表现驾驶车、船、飞机等活动；

（四）明示或者暗示饮酒有消除紧张和焦虑、增加体力等功效。

条文注释

本条是关于酒类广告内容准则的规定。

为了保障人民群众身心健康、培养人民群众良好生活习惯和社会良好道德风尚、保障社会安全，本法对酒类广告作了限制性规定。根据本条规定，酒类广告不得含有下列内容：

1. 不得诱导、怂恿饮酒或者宣传无节制饮酒。所谓诱导、怂恿饮酒，一般表现为明示或者暗示饮酒是身份、地位、成熟、魅力的象征等，以及将个人、商业、社会、体育或者其他方面的成功归因于饮酒等。法律虽不禁止酒类作广告，但是，对广告中含有的诱导、怂恿饮酒或者宣传无节制饮酒的内容，必须严格禁止。

2. 不得出现饮酒的动作。广告中直接出现饮酒动作，对受众具有最直接的引导、示范作用，同时也是变相诱导、怂恿他人饮酒，应当予以禁止。

3. 不得表现驾驶车、船、飞机等活动。酒后驾驶车、船、飞机等，容易发生事故，造成人身财产损失，甚至危及公共安全，也是法律严格禁止的行为。在酒类广告中表现驾驶车、船、飞机等活动，必须严格禁止。

4. 不得明示或者暗示饮酒有消除紧张和焦虑、增加体力等功效。这种表述往往缺乏科学依据，更不具有普遍适用性，反而可能为饮酒提供借口，甚至起到诱导、怂恿饮酒的作用，所以必须予以禁止。这里的禁止既包括禁止明示表达的方式，也包含禁止暗示表达的方式。

第二十四条 教育、培训广告

教育、培训广告不得含有下列内容：

（一）对升学、通过考试、获得学位学历或者合格证书，或者对教育、培训的效果作出明示或者暗示的保证性承诺；

（二）明示或者暗示有相关考试机构或者其工作人员、考试命题人员参与教育、培训；

（三）利用科研单位、学术机构、教育机构、行业协会、专业人士、受益者的名义或者形象作推荐、证明。

条文注释

本条是关于教育、培训广告准则的规定。根据本条规定，教育、培训广告不得含有下列内容：

1. 不得对升学、通过考试、获得学位学历或者合格证书，或者对教育、培训的效果作出明示或者暗示的保证性承诺。对教育、培训的效果作出明示或者暗示的保证性承诺，典型的有对升学、通过考试、获得学位学历或者合格证书的承诺，其他的还有很多。例如，“一个月提高三十分”“就业率 100%”等。教育培训的效果，受到考核难度变化，教育、培训方的师资差异，接受培训方的基础、学习态度差异等多方面因素影响，一般不可能都达到所承诺的效果，在广告中作出明示或者暗示的保证性承诺是不合适的。

2. 不得明示或者暗示有相关考试机构或者其工作人员、考试命题人员参与教育、培训。考试机构及其工作人员、考试命题人员都有可能接触到命题信息，他们如参与教育、培训，有泄露考题的风险，使考试失去公平，违背通过考试选拔人才、考核知识技能的目的。因此，很多主管机构都明确规定，考试机构及其工作人员、考试命题人员不得参与该考试相关的教育、培训活动。在广告中也不得明示或者暗示有相关考试机构或者其工作人员、考试命题人员参与教育、培训。

3. 不得利用科研单位、学术机构、教育机构、行业协会、专业人士、受益者的名义或者形象作推荐、证明。在广告中利用科研单位、学术机构、教育机构、行业协会、专业人士、受益者的名义或者形象作推荐、证明，容易使消费者产生盲目相信的心理，并可能造成误导。因此，禁止利用上述机构和人员的名义或者形象作推荐、证明。

典型案例

科技公司诉某区市场监督管理局行政处理及罚款案［北京市第一中级人民法院（2021）京 01 行终 191 号行政判决书］

2019 年 3 月 6 日，某区市场监管局接到举报，称某公司在其网站中使用广告进行虚假宣传，对教育、培训效果做保证性承诺，违背社会公序良俗，使用虚构的统计资料造假等违法行为，要求查处。2019 年 3 月 14 日，某区市场监管局对网站上的内容进行截图，网上截图显示有“据我们了解北大清华学生创业失败率高达99%，原因就是他们接受的教育脱离了社会”“搭讪陌生人变朋友成功率达到80%、找结婚对象挑选范围扩大1000倍、找对象档次外貌身材条件提升10倍以上、从现有工资待遇上涨5000元以上、老板通过人际关系扩展销售额翻一倍以上”等字样。2019年3月22日，某区市场监管局通过公证云——电子数据保管平台对网上的相关内容进行取证，涉案网页上除上述内容外，还显示有“中国唯一拥有百人成功案例视频的（社交）潜能教育品牌”“中国唯一现场示范、现场培训、现场成功的教学模式”“中国唯一社交成功率高达80%以上的教育品牌”“中国唯一不局限于理论套路的，实用口才及销售能力教育”等字样。某区市场监管局认为，“当事人的上述行为中使用‘中国唯一拥有百人成功案例视频的（社交）潜能教育品牌’‘中国唯一现场示范、现场培训、现场成功的教学模式’‘中国唯一社交成功率高达80%以上的教育品牌’‘中国唯一不局限于理论套路的，实用口才及销售能力教育’‘据我们了解北大清华学生创业失败率高达99%，原因就是他们接受的教育脱离了社会’等的字样，违反了《广告法》第二十八条第二款第（三）项的规定，属于使用虚构、伪造或者无法验证的统计资料、调查结果、引用语等信息作证明材料的违法行为。依据《广告法》第五十五条第一款的规定，责令当事人停止发布广告，在相应范围内消除影响，对当事人罚款20万元；‘一切脱离得到金钱，婚姻，利益的教育全是误人子弟’等的字样，违反了《广告法》第三条和第九条第（七）项的规定，属于违背社会良好风尚的违法行为，依据《广告法》第五十七条的规定，责令停止发布广告，处20万元罚款，依据《行政处罚法》第二十四条的规定，不再给予罚款的行政处罚；当事人使用‘搭讪陌生人变朋友成功率达到80%、找结婚对象挑选范围扩大1000倍、找对象档次外貌身材条件提升10倍以上、从现有工资待遇上涨5000元以上、老板通过人际关系扩展销售额翻一倍以上'等字样，违反了《广告法》第二十四条第（一）项的规定，属于对教育、培训的效果作出明示或者暗示的保证性承诺。依据《广告法》第五十八条规定，责令停止发布广告，处10万元罚款，依据《行政处罚法》第二十四条的规定，不再给予罚款的行政处罚”。综上，责令当事人停止发布违法广告，消除影响，罚款200000元。

生效裁判认为，首先，被诉处罚决定对涉案三项违法事实及法律后果的认定正确。被诉处罚决定的上述认定，具有事实和法律依据。对于前述违法行为，《广告法》第五十五条、第五十七条、第五十八条分别规定了相应的法律后果。上诉人应当根据前述规定承担相应的法律责任。其次，被诉处罚决定对“一事不二罚款”原则的适用属于法律适用错误。《行政处罚法》第二十四条规定，对当事人的同一个违法行为，不得给予两次以上罚款的行政处罚。该条款即为“一事不二罚款”原则。适用该条款须以“同一个违法行为”为前提。对于多个违法行为，则应分别按照不同的法律规定给予罚款处罚。判断是否为“同一个违法行为”，关键要看违法行为是否单一。对此，可以从两个层面进行认定，一是行为本身客观上是单一的，为自然的一行为；二是客观上自然可分的数个行为，因法律的特别规定而被拟制为一个行为予以处断，为处断的一行为。对于自然的一行为，不能给予两次以上的罚款处罚。对于处断的一行为，因法律的拟制而成为法律上的一行为，同样不能给予两次以上的罚款处罚。本案中，上诉人分别在其网站的首页、“教育宣言”视频板块以及“学习内容”板块发布不同内容的违法广告，该违法广告行为客观上自然可分，分别违反《广告法》的不同规定，触犯《广告法》的不同罚则，应当按照三个违法行为分别予以论处。故而，对于上诉人存在违反《广告法》第二十八条第二款第三项规定的行为，被上诉人依据《广告法》第五十五条第一款的规定予以罚款处罚认定事实清楚、适用法律正确；而对于上诉人违背社会良好风尚的违法行为以及对教育、培训的效果作出明示或者暗示的保证性承诺的违法行为，被上诉人适用《行政处罚法》第二十四条的规定不再给予罚款处罚，属于适用法律错误。

考虑到行政处罚是由具有行政处罚权的行政机关在法定职权范围内，对当事人违反行政管理秩序的行为，以减损权益或者增加义务的方式予以惩戒的行为，基于禁止不利变更原则，对于行政机关作出的行政处罚，人民法院不得加重当事人的义务或者减损当事人的权益。对此，《行政诉讼法》第七十七条亦有相应的规定。本案中，虽然被上诉人适用《行政处罚法》第二十四条的规定，对上诉人违背社会良好风尚的违法行为以及对教育、培训的效果作出明示或者暗示的保证性承诺的违法行为不给予罚款处罚构成适用法律错误，但该做法对上诉人有利。鉴于此，二审法院尊重被上诉人对上诉人作出的处罚结论。

第二十五条 有投资回报预期的商品或者服务广告

招商等有投资回报预期的商品或者服务广告，应当对可能存在的风险以及风险责任承担有合理提示或者警示，并不得含有下列内容：

（一）对未来效果、收益或者与其相关的情况作出保证性承诺，明示或者暗示保本、无风险或者保收益等，国家另有规定的除外；

（二）利用学术机构、行业协会、专业人士、受益者的名义或者形象作推荐、证明。

条文注释

本条是关于招商等有投资回报预期的商品或者服务广告准则的规定。

"有投资回报预期的商品或者服务"，是指投资者向其投入一定资金、财物、权益、技术、劳动等，以期在未来获得收益、回报的特定商品或者服务。其中，最典型的是特许经营、店铺招租等招商活动。招商等有投资回报预期的商品或者服务广告，应当符合下列要求：

1. 对可能存在的风险以及风险责任承担有合理提示或者警示。投资往往有风险，在投资中，可能无法获得预期的收益，甚至无法收回投资成本。对此，应当使作为广告受众的投资者有清晰的认知，即广告中应当对风险以及风险责任承担作出合理的提示或者警示。

2. 不得对未来效果、收益或者与其相关的情况作出保证性承诺，明示或者暗示保本、无风险或者保收益等，国家另有规定的除外。一般情况下，投资的未来效果、收益以及与其相关的情况都受到复杂的市场环境、管理人自身能力等诸多因素影响，有时候还受到国家宏观调控的影响，具有不确定性。同理，投资能否保本、无风险、保收益，也具有不确定性。因此，有投资回报预期的商品或者服务广告不宜对未来效果、收益或者与其相关的情况作出保证性承诺，明示或者暗示保本、无风险或者保收益等。同时，一些特殊的有投资回报预期的商品或者服务，如果国家对其未来效果、风险收益等作了明确规定的，则可以宣传国家规定的内容。

3. 不得利用学术机构、行业协会、专业人士、受益者的名义或者形象作推荐、证明。这些机构和人员作推荐、证明，容易使消费者产生盲目相信的心理。考虑投资活动关系人民群众财产安全，为防止误导消费者，禁止利用上述机构和人员的名义或者形象作推荐、证明，是必要的。

第二十六条 房地产广告

房地产广告，房源信息应当真实，面积应当表明为建筑面积或者套内建筑面积，并不得含有下列内容：

（一）升值或者投资回报的承诺；

（二）以项目到达某一具体参照物的所需时间表示项目位置；

（三）违反国家有关价格管理的规定；

（四）对规划或者建设中的交通、商业、文化教育设施以及其他市政条件作误导宣传。

实用问答

问：什么是房地产广告？

答：所谓“房地产广告”，是指通过一定的媒介和形式，直接或者间接地介绍自己所推销的房地产的商业广告活动；包括关于房地产项目预售、预租、出售、出租、项目转让以及其他房地产项目的介绍等。

相关规定

《房地产广告发布规定》

第二十七条 种养殖广告

农作物种子、林木种子、草种子、种畜禽、水产苗种和种养殖广告关于品种名称、生产性能、生长量或者产量、品质、抗性、特殊使用价值、经济价值、适宜种植或者养殖的范围和条件等方面的表述应当真实、清楚、明白，并不得含有下列内容：

（一）作科学上无法验证的断言；

（二）表示功效的断言或者保证；

（三）对经济效益进行分析、预测或者作保证性承诺；

（四）利用科研单位、学术机构、技术推广机构、行业协会或者专业人士、用户的名义或者形象作推荐、证明。

条文注释

本条是关于农作物种子、林木种子、草种子、种畜禽、水产苗种和种养殖广告准则的规定。

所谓"农作物种子、林木种子、草种子"，是指农作物、林木和用于动物饲养、生态建设、绿化美化等用途的草本植物的种植材料或者繁殖材料，包括籽粒、果实和根、茎、苗、芽、叶等。"种畜禽"，是指经过选育、具有种用价值、适于繁殖后代的畜禽及其卵子（蛋）、胚胎、精液等。"水产苗种"，是指包括用于繁育、增养殖（栽培）生产和科研试验、观赏的水产动植物的亲本、稚体、幼体、受精卵、孢子及其遗传育种材料。"种养殖"，是指一切与种植、养殖有关的商品或者服务。

第二十八条 虚假广告

广告以虚假或者引人误解的内容欺骗、误导消费者的，构成虚假广告。

广告有下列情形之一的，为虚假广告：

（一）商品或者服务不存在的；

（二）商品的性能、功能、产地、用途、质量、规格、成分、价格、生产者、有效期限、销售状况、曾获荣誉等信息，或者服务的内容、提供者、形式、质量、价格、销售状况、曾获荣誉等信息，以及与商品或者服务有关的允诺等信息与实际情况不符，对购买行为有实质性影响的；

（三）使用虚构、伪造或者无法验证的科研成果、统计资料、调查结果、文摘、引用语等信息作证明材料的；

（四）虚构使用商品或者接受服务的效果的；

（五）以虚假或者引人误解的内容欺骗、误导消费者的其他情形。

条文注释

本条是关于虚假广告的规定。

应当注意的是，“欺骗、误导”应当与广告的艺术表达相区分。广告需要通过一定的艺术手法来表达，有的内容虽然虚假或者引人误解，但正常的消费者能够正确理解其含义，不足以欺骗、误导消费者的，不构成虚假广告。例如，某化妆品宣传“今年二十，明年十八”，虽然现实中不可能实现，但是消费者都知道这是夸张的表现方法，不会被欺骗或者误导。

典型案例

1. 某区市场监督管理局查处网络技术公司广告违法案件[①]

某区市场监督管理局调查查明，网络技术公司在某平台发布“瑶浴”药包广告，宣传该产品对“类风湿性关节炎”有改善作用，并以案例形式虚构产品功效，当事人的上述行为违反了《广告法》有关规定。

2023 年 3 月，某区市场监督管理局依法对当事人作出罚款 9 万元的行政处罚。

2. 养发馆发布虚假广告案（市场监管总局公布 2020 年第一批虚假违法广告典型案件[②]**之六）**

当事人利用互联网发布“益生菌原浆”广告，其中含有“解决病菌感染”“预防病毒感染”“每天 50 毫升到 100 毫升益生菌原浆就可以预防新型冠状病”等内容。当事人无法提供相关材料证明广告中推销的商品有预防新冠肺炎的功效，违反了《广告法》第四条、第二十八条的相关规定。

2020 年 2 月，自贡市大安区市场监管局作出行政处罚，责令当事人立即停止违法行为，并罚款 20 万元。

---

① 《曝光！6 起互联网广告典型案例》，载北京市市场监督管理局网，https：//scjgj. beijing. gov. cn/zwxx/scjgdt/202308/t20230807_ 3217585. html，2023 年 10 月 8 日访问。

② 《市场监管总局公布 2020 年第一批虚假违法广告典型案件》，载国家市场监督管理总局网，https：//www. samr. gov. cn/zt/ndzt/2020n/scjgzy/zjdt/art/2023/art_ 558559160350438fb3bbedff4cce2ae5. html，2023 年 11 月 1 日访问。

第三章　广告行为规范

第二十九条　从事广告发布业务的条件

广播电台、电视台、报刊出版单位从事广告发布业务的，应当设有专门从事广告业务的机构，配备必要的人员，具有与发布广告相适应的场所、设备。

第三十条　广告合同

广告主、广告经营者、广告发布者之间在广告活动中应当依法订立书面合同。

第三十一条　禁止不正当竞争

广告主、广告经营者、广告发布者不得在广告活动中进行任何形式的不正当竞争。

典型案例

广州王老吉大健康产业有限公司诉加多宝（中国）饮料有限公司虚假宣传案（最高人民法院指导案例161号）

广州医药集团有限公司（以下简称广药集团）是第626155号、第3980709号、第9095940号“王老吉”系列注册商标的商标权人。上述商标核定使用的商品种类均为第32类：包括无酒精饮料、果汁、植物饮料等。1995年3月28日、9月14日，鸿道集团有限公司（以下简称鸿道集团）与广州羊城药业股份有限公司王老吉食品饮料分公司分别签订《商标使用许可合同》和《商标使用许可合同补充协议》，取得独家使用第626155号商标生产销售带有“王老吉”三个字的红色纸包装和罐装清凉茶饮料的使用权。1997年6月14日，陈鸿道被国家专利局授予《外观设计专利证书》，获得外观设计名称为“罐帖”的“王老吉”外观设计专利。2000年5月2日，广药集团（许可人）与鸿道集团（被许可人）签订《商标许可协议》，约定许可人授权被许可人使用第626155号“王老吉”注册商标生产销售红色罐装及红色瓶装王老吉凉茶。被许可人未经许可人书面同意，不得将该商标再许可其他第三者使用，但属被许可人投资（包括全资或合资）的企业使用该商标时，不在此限，但需知会许可人；许可人除自身及其下属企业已生产销售的绿色纸包装“王老吉”清凉茶外，许可人不得在第32类商品（饮料类）上使用“王老吉”商标或授权第三者使用“王老吉”商标，双方约定许可的性质为独占许可，许可期限自2000年5月2日至2010年5月2日止。1998年9月，鸿道集团投资成立东莞加多宝食品饮料有限公司，后更名为广东加多宝饮料食品有限公司。加多宝（中国）饮料有限公司（以下简称加多宝中国公司）成立于2004年3月，属于加多宝集团关联企业。

此后，通过鸿道集团及其关联公司长期多渠道的营销、公益活动和广告宣传，培育红罐“王老吉”凉茶品牌，并获得众多荣誉，如罐装“王老吉”凉茶饮料在2003年被广东省佛山市中级人民法院认定为知名商品，“王老吉”罐装凉茶的装潢被认定为知名商品包装装潢；罐装“王老吉”凉茶多次被有关行业协会等评为“最具影响力品牌”；根据中国行业企业信息发布中心的证明，罐装“王老吉”凉茶在2007-2012年度均获得市场销量或销售额的第一名等。加多宝中国公司成立后开始使用前述“王老吉”商标生产红色罐装凉茶（罐身对称两面从上至下印有“王老吉”商标）。

2012年5月9日，中国国际经济贸易仲裁委员会对广药集团与鸿道集团之间的商标许可合同纠纷作出终局裁决：(一)《“王老吉”商标许可补充协议》和《关于“王老吉”商标使用许可合同的补充协议》无效；(二)鸿道集团停止使用“王老吉”商标。

2012年5月25日，广药集团与广州王老吉大健康产业有限公司(以下简称大健康公司)签订《商标使用许可合同》，许可大健康公司使用第3980709号“王老吉”商标。大健康公司在2012年6月左右，开始生产“王老吉”红色罐装凉茶。

2013年3月，大健康公司在重庆市几处超市分别购买到外包装印有“全国销量领先的红罐凉茶改名加多宝”字样广告语的“加多宝”红罐凉茶产品及标有“全国销量领先的红罐凉茶改名加多宝”字样广告语的手提袋。重庆市公证处（2013）渝证字第17516号公证书载明，在“www. womai. com”中粮我买网网站上，有“加多宝”红罐凉茶产品销售，在销售页面上，有“全国销量领先的红罐凉茶改名加多宝”字样的广告宣传。(2013)渝证字第20363号公证书载明，在央视网广告频道VIP品牌俱乐部中，亦印有“全国销量领先的红罐凉茶改名加多宝”字样的“加多宝”红罐凉茶产品的广告宣传。2012年5月16日，人民网食品频道以“红罐王老吉改名‘加多宝’配方工艺均不变”为题做了报道。2012年5月18日，搜狐新闻以“红罐王老吉改名加多宝”为题做了报道。2012年5月23日，中国食品报电子版以“加多宝就是以前的王老吉”为题做了报道；同日，网易新闻也以“红罐‘王老吉’正式更名‘加多宝’”为题做了报道，并标注信息来源于《北京晚报》。2012年6月1日，《中国青年报》以“加多宝凉茶全国上市红罐王老吉正式改名”为题做了报道。

大健康公司认为，上述广告内容与客观事实不符，使消费者形成错误认识，请求确认加多宝中国公司发布的包含涉案广告词的广告构成反不正当竞争法规定的不正当竞争，系虚假宣传，并判令立即停止发布包含涉案广告语或与之相似的广告词的电视、网络、报纸和杂志等媒体广告等。

重庆市第五中级人民法院于2014年6月26日作出（2013）渝五中法民初字第00345号民事判决：一、确认被告加多宝中国公司发布的包含“全国销量领先的红罐凉茶改名加多宝”广告词的宣传行为构成不正当竞争的虚假宣传行为；二、被告加多宝中国公司立即停止使用并销毁、删除和撤换包含“全国销量领先的红罐凉茶改名加多宝”广告词的产品包装和电视、网络、视频及平面媒体广告；三、被告加多宝中国公司在本判决生效后十日内在《重庆日报》上公开发表声明以消除影响（声明内容须经本院审核）；四、被告加多宝中国公司在本判决生效后十日内赔偿原告大健康公司经济损失及合理开支40万元；五、驳回原告大健康公司的其他诉讼请求。宣判后，加多宝中国公司和大健康公司提出上诉。重庆市高级人民法院于2015年12月15日作出（2014）渝高法民终字第00318号民事判决，驳回上诉，维持原判。加多宝中国公司不服，向最高人民法院申请再审。最高人民法院于2019年5月28日作出（2017）最高法民再151号民事判决：一、撤销重庆市高级人民法院（2014）渝高法民终字第00318号民事判决；二、撤销重庆市第五中级人民法院（2013）渝五中法民初字第00345号民事判决；三、驳回大健康公司的诉讼请求。

最高人民法院认为，加多宝中国公司使用“全国销量领先的红罐凉茶改名加多宝”广告语的行为是否构成虚假宣传，需要结合具体案情，根据日常生活经验，以相关公众的一般注意力，判断涉案广告语是否片面、是否有歧义，是否易使相关公众产生误解。

首先，从涉案广告语的含义看，加多宝中国公司对涉案广告语“全国销量领先的红罐凉茶改名加多宝”的描述和宣传是真实和符合客观事实的。根据查明的事实，鸿道集团自1995年取得“王老吉”商标的许可使用权后独家生产销售“王老吉”红罐凉茶，直到2012年5月9日中国国际经济贸易仲裁委员会对广药集团与鸿道集团之间的商标许可合同作出仲裁裁决，鸿道集团停止使用“王老吉”商标，在长达十七年的时间内加多宝中国公司及其关联公司作为“王老吉”商标的被许可使用人，通过多年的广告宣传和使用，已经使“王老吉”红罐凉茶在凉茶市场具有很高知名度和美誉度。根据中国行业企业信息发布中心的证明，罐装“王老吉”凉茶在2007—2012年度，均获得市场销量或销售额的第一名。而在“王老吉”商标许可使用期间，广药集团并不生产和销售“王老吉”红罐凉茶。因此，涉案广告语前半部分“全国销量领先的红罐凉茶”的描述与统计结论相吻合，不存在虚假情形，且其指向性也非常明确，指向的是加多宝中国公司及其关联公司生产和销售的“王老吉”红罐凉茶。2012年5月9日，“王老吉”商标许可协议被中国国际经济贸易仲裁委员会裁决无效，加多宝中国公司及其关联公司开始生产“加多宝”红罐凉茶，因此在涉案广告语后半部分宣称“改名加多宝”也是客观事实的描述。

其次，从反不正当竞争法规制虚假宣传的目的看，反不正当竞争法是通过制止对商品或者服务的虚假宣传行为，维护公平的市场竞争秩序。一方面，从不正当竞争行为人的角度分析，侵权人通过对产品或服务的虚假宣传，如对产地、性能、用途、生产期限、生产者等不真实或片面的宣传，获取市场竞争优势和市场机会，损害权利人的利益；另一方面，从消费者角度分析，正是由于侵权人对商品或服务的虚假宣传，使消费者发生误认误购，损害权利人的利益。因此，反不正当竞争法上的虚假宣传立足点在于引人误解的虚假宣传，如果对商品或服务的宣传并不会使相关公众产生误解，则不是反不正当竞争法上规制的虚假宣传行为。本案中，在商标使用许可期间，加多宝中国公司及其关联公司通过多年持续、大规模的宣传使用行为，不仅显著提升了王老吉红罐凉茶的知名度，而且向消费者传递王老吉红罐凉茶的实际经营主体为加多宝中国公司及其关联公司。由于加多宝中国公司及其关联公司在商标许可使用期间生产“王老吉”红罐凉茶已经具有很高知名度，相关公众普遍认知的是加多宝中国公司生产的“王老吉”红罐凉茶，而不是大健康公司于2012年6月左右生产和销售的“王老吉”红罐凉茶。在加多宝中国公司及其关联公司不再生产“王老吉”红罐凉茶后，加多宝中国公司使用涉案广告语实际上是向相关公众行使告知义务，告知相关公众以前的“王老吉”红罐凉茶现在商标已经为加多宝，否则相关公众反而会误认为大健康公司生产的“王老吉”红罐凉茶为原来加多宝中国公司生产的“王老吉”红罐凉茶。因此，加多宝中国公司使用涉案广告语不存在易使相关公众误认误购的可能性，反而没有涉案广告语的使用，相关公众会发生误认误购的可能性。

最后，涉案广告语“全国销量领先的红罐凉茶改名加多宝”是否不正当地完全占用了“王老吉”红罐凉茶的知名度和良好商誉，使“王老吉”红罐凉茶无形中失去了原来拥有的知名度和商誉，并使相关公众误认为“王老吉”商标已经停止使用或不再使用。其一，虽然“王老吉”商标知名度和良好声誉是广药集团作为商标所有人和加多宝中国公司及其关联公司共同宣传使用的结果，但是“王老吉”商标知名度的提升和巨大商誉却主要源于加多宝中国公司及其关联公司在商标许可使用期间大量的宣传使用。加多宝中国公司使用涉案广告语即便占用了“王老吉”商标的一部分商誉，但由于“王老吉”商标商誉主要源于加多宝中国公司及其关联公司的贡献，因此这种占用具有一定合理性。其二，广药集团收回“王老吉”商标后，开始授权许可大健康公司生产“王老吉”红罐凉茶，这种使用行为本身即已获得了王老吉商标商誉和美誉度。其三，2012 年 6 月大健康公司开始生产“王老吉”红罐凉茶，因此消费者看到涉案广告语客观上并不会误认为“王老吉”商标已经停止使用或不再使用，凝结在“王老吉”红罐凉茶上的商誉在大健康公司生产“王老吉”红罐凉茶后，自然为大健康公司所享有。其四，大健康公司是在商标许可合同仲裁裁决无效后才开始生产“王老吉”红罐凉茶，此前其并不生产红罐凉茶，因此涉案广告语并不能使其生产的“王老吉”红罐凉茶无形中失去原来拥有的知名度和商誉。

本案中，涉案广告语虽然没有完整反映商标许可使用期间以及商标许可合同终止后，加多宝中国公司为何使用、终止使用并变更商标的相关事实，确有不妥，但是加多宝中国公司在商标许可合同终止后，为保有在商标许可期间其对“王老吉”红罐凉茶商誉提升所做出的贡献而享有的权益，将“王老吉”红罐凉茶改名“加多宝”的基本事实向消费者告知，其主观上并无明显不当；在客观上，基于广告语的简短扼要特点，以及“王老吉”商标许可使用情况、加多宝中国公司及其关联公司对提升“王老吉”商标商誉所做出的巨大贡献，消费者对王老吉红罐凉茶实际经营主体的认知，结合消费者的一般注意力、发生误解的事实和被宣传对象的实际情况，加多宝中国公司使用涉案广告语并不产生引人误解的效果，并未损坏公平竞争的市场秩序和消费者的合法权益，不构成虚假宣传行为。即便部分消费者在看到涉案广告语后有可能会产生“王老吉”商标改为“加多宝”商标，原来的“王老吉”商标已经停止使用或不再使用的认知，也属于商标许可使用关系中商标控制人与实际使用人相分离后，尤其是商标许可关系终止后，相关市场可能产生混淆的后果，但该混淆的后果并不必然产生反不正当竞争法上的“引人误解”的效果。

● *相关规定*

《反不正当竞争法》第2条、第20条

第三十二条 受委托方的合法经营资格

广告主委托设计、制作、发布广告，应当委托具有合法经营资格的广告经营者、广告发布者。

● *相关规定*

《广告法》第29条

第三十三条 广告涉及他人人身权利时的义务

广告主或者广告经营者在广告中使用他人名义或者形象的，应当事先取得其书面同意；使用无民事行为能力人、限制民事行为能力人的名义或者形象的，应当事先取得其监护人的书面同意。

● *典型案例*

荣某涵诉品牌运营公司等肖像权案［陕西省高级人民法院（2020）陕民申532号民事判决书］

2018年5月，品牌运营公司委托明星文化传媒公司为其筹备拍摄有关羊奶粉广告，明星文化传媒公司法定代表人李某哲欲请原审原告参加拍摄，遂于2018年5月13日与原审原告母亲胡某波联系，向其告知欲请荣某涵拍摄广告，胡某波表示同意，并于当天将其与荣某涵的户口本、胡某波的身份证通过微信发送给李某哲。随后，5月17日荣某涵在胡某波的陪伴下进行了拍摄。5月19日，胡某波提出签订合同事宜，李某哲答应随后补签。2018年6月14日，胡某波再次提出合同事宜，李某哲遂向胡某波通过微信发送监护人同意书，胡某波质疑不是合同并询问播放时间，李某哲又向胡某波以微信发送了肖像权授权书、广告代言承诺书、人物免责并要求胡某波签字，胡某波提出要求品牌运营公司制定详细的协议，包括肖像使用限制、不能转授权、保密条款、费用支付等。同日，胡某波也与品牌运营公司法定代表人赵某燕联系，要求就肖像权使用签订合同。6月15日，胡某波得知广告将于6月18日在电视台播放，就通过微信向李某哲发送了声明，提出如果不签订合同，不可以播放广告，同日胡某波也向赵某燕发送了声明。其间，胡某波与品牌运营公司负责广告的人员就合同条款进行微信沟通，直至6月17日双方未签订书面合同。6月18日至7月20日该广告在电视台播放。

生效裁判认为，公民享有肖像权，未经本人同意，不得以营利为目的使用公民的肖像。本案中被上诉人品牌运营公司使用上诉人荣某涵的肖像，在电视台以广告形式播出，应当经过荣某涵法定代理人的同意，虽然在拍摄照片时，荣某涵的法定代理人胡某波带着荣某涵到拍摄现场配合拍摄，并同意被上诉人使用荣某涵的肖像，但是之后因双方对合同条款未达成一致，胡某波明确以书面形式表示不允许被上诉人使用荣某涵的肖像，被上诉人在未经过胡某波的同意下，代签监护人同意书中监护人签名，以营利为目的将荣某涵的肖像投放于广告，侵犯了荣某涵的肖像权。另外，由于原审已查明第三人电视台作为广告的发布者，在播放案涉广告之前，已经进行了相关审查的事实，原审据此认定电视台不构成对荣某涵肖像权的侵害，并无不当。

第三十四条　广告业务管理制度和查验、核对义务

广告经营者、广告发布者应当按照国家有关规定，建立、健全广告业务的承接登记、审核、档案管理制度。

广告经营者、广告发布者依据法律、行政法规查验有关证明文件，核对广告内容。对内容不符或者证明文件不全的广告，广告经营者不得提供设计、制作、代理服务，广告发布者不得发布。

实用问答

1. 问：承接登记制度主要包括什么内容？

答：承接登记制度，即对接受委托设计、制作、发布的广告的有关证明文件等资料进行登记。承接登记是与广告主接洽广告业务的开始，通过承接登记制度，主要目的是了解、记录广告主的基本情况，确认广告业务来源是否合法以及广告主是否具有发布该广告的权利。主要登记项目应当包括：广告主或广告代理公司的名称、营业执照号、经办人的身份、通信地址、电话、广告种类与名称等。登记时，应当通过查验广告主的营业执照和经办人员的身份证明确认以下事项：广告所宣传的商品或服务种类应当包括在广告主的经营范围内；广告业务经办人员的身份证姓名应当与介绍信上的姓名一致；广告主的名称、地址应当与营业执照上的名称、地址一致；广告中提及的法定代表人或负责人的姓名应当与营业执照或有关证明文件上的一致。

2. 问：审核制度主要包括什么内容？

答：审核制度，即广告经营者、广告发布者依据有关法律、行政法规，对需要设计、制作、代理、发布的广告的有关证明文件等资料

进行审查、核对。实行审核制度既是对广告主负责，也是对消费者负责，还可以从源头上避免产生虚假广告。落实审核制度，广告经营者、广告发布者应当收存国家有关广告管理的法律法规，组织本单位职工开展学习和培训；配备专门的人员负责广告审核工作；明确广告审核人员的职责；确定审查程序。

3. 问：档案管理制度主要包括什么内容？

答：广告业务档案，是广告经营者、广告发布者在承接广告业务中形成的，供保存备查的广告文字、图像、音视频、证明文件、审查记录及其他有关的各种记录。广告业务档案主要包括：承办的广告样件；收取和查验的广告证明文件和查验记录，对不能存档的要记录内容；广告审查情况记录材料；广告合同；其他应当保存的资料。广告业务档案要分类保存，并且应当完整、真实地反映广告承办的全过程，以便于查找、利用。广告活动从策划、设计、制作到发布整个过程中，任何环节都可能出现问题或产生纠纷，一套完整的档案资料就可以成为分清责任、解决纠纷的有力证据。此外，广告业务档案还可以作为考察经营情况，研究广告活动的发展规律，总结经验，改善经营管理的第一手资料。

相关规定

《大众传播媒介广告发布审查规定》

第三十五条 广告收费标准和办法

广告经营者、广告发布者应当公布其收费标准和收费办法。

第三十六条 媒介传播效果资料真实

广告发布者向广告主、广告经营者提供的覆盖率、收视率、点击率、发行量等资料应当真实。

第三十七条 不得提供广告服务的情形

法律、行政法规规定禁止生产、销售的产品或者提供的服务，以及禁止发布广告的商品或者服务，任何单位或者个人不得设计、制作、代理、发布广告。

● *相关规定*

《广告法》第15条；《标准化法》第25条

第三十八条 广告代言人的义务

广告代言人在广告中对商品、服务作推荐、证明，应当依据事实，符合本法和有关法律、行政法规规定，并不得为其未使用过的商品或者未接受过的服务作推荐、证明。

不得利用不满十周岁的未成年人作为广告代言人。

对在虚假广告中作推荐、证明受到行政处罚未满三年的自然人、法人或者其他组织，不得利用其作为广告代言人。

● *典型案例*

刘某诉制衣厂服务合同案 [浙江省湖州市中级人民法院（2020）浙05民申6号民事裁定书]

制衣厂主张案涉合同因违反《广告法》第三十八条“不得利用不满十周岁的未成年人作为广告代言人”的规定而无效。广告代言是指在广告中将身份信息予以明确标示，属于以自己的名义、利用自己的独立人格，对商品、服务作推荐、证明。无论是名人还是普通消费者，在广告中以自己的名义或形象，利用自己的人格为广告商品作推荐或证明的，方构成广告代言。本案中，刘某履行的合同义务是穿上制衣厂提供的服饰进行拍摄，为制衣厂的服饰做一个展示，这一行为并不构成广告代言中的推荐或证明。因此，案涉合同并未违反广告法关于广告代言人的规定。该合同系双方当事人真实意思表示，应为合法有效。

相关规定

《消费者权益保护法》第 38 条；《产品质量法》第 25 条；《关于进一步规范明星广告代言活动的指导意见》

第三十九条 广告不得侵扰中小学生、幼儿

不得在中小学校、幼儿园内开展广告活动，不得利用中小学生和幼儿的教材、教辅材料、练习册、文具、教具、校服、校车等发布或者变相发布广告，但公益广告除外。

条文注释

本条是关于禁止在中小学校、幼儿园内开展广告活动，以及利用与中小学生和幼儿相关的物品发布或者变相发布广告的规定。

现实生活中，广告主利用中小学生和幼儿的教材、教辅材料、练习册、文具、教具、校服、校车等作为载体发布或者变相发布广告的现象时有发生，有的利用教材为其他图书作广告，有的在铅笔盒上印制文具广告，有的在辅导材料的封底或插页中推荐外语音像制品，有的在校车车身上作饮料广告或者培训机构广告，有的在校服上印制广告语，等等。上述物品都是中小学生和幼儿在学习生活中必须使用或

者经常接触的，如果成为广告宣传的载体，既可能分散他们学习的注意力，也可能形成他们购买广告商品的心理冲动，或者对他们造成其他不良影响。因此，为了加强对中小学生和幼儿的保护，本条明确规定，不得利用中小学生和幼儿的教材、教辅材料、练习册、文具、教具、校服、校车等发布或者变相发布广告。

第四十条 针对未成年人的广告

在针对未成年人的大众传播媒介上不得发布医疗、药品、保健食品、医疗器械、化妆品、酒类、美容广告，以及不利于未成年人身心健康的网络游戏广告。

针对不满十四周岁的未成年人的商品或者服务的广告不得含有下列内容：

（一）劝诱其要求家长购买广告商品或者服务；

（二）可能引发其模仿不安全行为。

条文注释

本条是关于在针对未成年人的大众传播媒介上禁止发布的广告类型，以及针对不满十四周岁的未成年人的商品或者服务的广告中禁止性内容的规定。

一、在针对未成年人的大众传播媒介上禁止发布的广告类型

针对未成年人的大众传播媒介是直接以未成年人为受众的大众媒介，如电视台的儿童频道、儿童广播频道、儿童影视剧、儿童平面出版物、针对未成年人的互联网站等，这些大众传播媒介上发布的广告对未成年人具有很大的影响力。未成年人的身心发展尚不成熟，缺乏经验，模仿力强，比成年人更容易受到广告的影响。因此，在针对未成年人的大众传播媒介上发布的广告内容必须受到严格监管，确保其

符合未成年人的身心健康发展。本条禁止在针对未成年人的大众传播媒介上发布的广告类型主要有两类：其一，医疗、药品、保健食品、医疗器械、化妆品、酒类、美容广告。从性质上看，这些广告都是受到严格监管的商品和服务广告，均须经过相关广告审查部门的内容审查。在这些商品和服务中，有的是不适宜未成年人消费的商品或服务，如酒类产品和美容（非医疗性的）服务；有的是其中一部分以未成年人为消费对象，但应当由其监护人进行选择和购买的，如儿科医疗、儿童药品、儿童保健食品、儿童医疗器械、儿童护肤品等。无论属于哪种情形，这些商品和服务的广告都不能在针对未成年人的大众传播媒介上发布。其二，不利于未成年人身心健康的网络游戏广告。网络游戏对未成年人的吸引力非常大，现实生活中，一些未成年人沉迷于网络游戏。而网络游戏良莠不齐，特别是有一些网络游戏充斥着暴力、色情等不利于未成年人身心健康的内容，对未成年人的成长极为有害。如果允许那些不利于未成年人身心健康的网络游戏广告在针对未成年人的大众传播媒介上发布，很容易对未成年人形成误导，造成不良影响。鉴于上述理由，本条第 1 款明确规定，在针对未成年人的大众传播媒介上不得发布医疗、药品、保健食品、医疗器械、化妆品、酒类、美容广告，以及不利于未成年人身心健康的网络游戏广告。

二、针对不满十四周岁的未成年人的广告中禁止的内容

本条第 2 款明确规定，针对不满十四周岁的未成年人的商品或者服务的广告不得含有下列内容：（1）劝诱其要求家长购买广告商品或者服务；（2）可能引发其模仿不安全行为。比如，在广告中声称或者暗示拥有某种商品是身份的象征或者时尚的标志，劝诱未成年人要求家长购买；或者在电视广告中出现低龄儿童进行危险活动的情景等，

这些都是本条所禁止的。

第四十一条　户外广告的监管

县级以上地方人民政府应当组织有关部门加强对利用户外场所、空间、设施等发布户外广告的监督管理，制定户外广告设置规划和安全要求。

户外广告的管理办法，由地方性法规、地方政府规章规定。

相关规定

《广告管理条例》第 13 条

第四十二条　禁止设置户外广告的情形

有下列情形之一的，不得设置户外广告：

（一）利用交通安全设施、交通标志的；

（二）影响市政公共设施、交通安全设施、交通标志、消防设施、消防安全标志使用的；

（三）妨碍生产或者人民生活，损害市容市貌的；

（四）在国家机关、文物保护单位、风景名胜区等的建筑控制地带，或者县级以上地方人民政府禁止设置户外广告的区域设置的。

典型案例

文化公司诉公交公司侵权责任案［最高人民法院（2018）最高法民申 19 号民事裁定书］

由于广告位经营权系公共资源，故该权利的合法行使及期限应依法建立在法定机关行政许可的范围内，广告位经营权的期限应有最长期限限制。根据《广告法》第四十一条第二款以及《合肥市户外广告和招牌设置管理办法》第四条、第五条等规定，从事户外广告设置经营活动应获得相应机关的行政许可。而根据案涉《某县户外广告设置许可证》上记载的广告牌期限是 2009 年 11 月 1 日至 2011 年 11 月 1 日，该期限系户外广告设置的主管部门对涉案广告牌作出的行政许可期限。既然在此后并未对涉案广告牌获得新的行政许可，在 2011 年 11 月 1 日以后涉案广告牌应为非法的，故涉案广告牌的期限应于 2011 年 11 月 1 日到期。

相关规定

《道路交通安全法》第 28 条

第四十三条 垃圾广告

任何单位或者个人未经当事人同意或者请求，不得向其住宅、交通工具等发送广告，也不得以电子信息方式向其发送广告。

以电子信息方式发送广告的，应当明示发送者的真实身份和联系方式，并向接收者提供拒绝继续接收的方式。

条文注释

本条是关于规范垃圾广告的规定。

对本条第 1 款的理解，需要把握以下几点：其一，规范的是向自然人的住宅、交通工具等发送广告的行为，不仅包括向自然人的住宅、交通工具，也包括向自然人的其他场所发送广告。其二，规范的是以电子信息方式向自然人发送广告的一切行为，不仅包括通过电话、短信、传真，而且包括通过电子邮件、社交媒体平台、应用软件等方式发送广告的行为。其三，向自然人发送广告必须经其同意或者请求，也就是说，当事人同意或者请求是向其住宅、交通工具等发送广告和以电子信息方式向其发送广告的前提。

● *相关规定*

《消费者权益保护法》第29条；《个人信息保护法》第2条

第四十四条 互联网广告

利用互联网从事广告活动，适用本法的各项规定。

利用互联网发布、发送广告，不得影响用户正常使用网络。在互联网页面以弹出等形式发布的广告，应当显著标明关闭标志，确保一键关闭。

● *条文注释*

本条是关于利用互联网从事广告活动应当遵守的规范的规定。

本条第1款规定，利用互联网从事广告活动，适用本法的各项规定。利用互联网从事的广告活动均应当适用本法关于传统商业广告的所有规定，包括总则、广告内容准则、广告行为规范、监督管理、法律责任等。互联网广告的广告主、广告经营者、广告发布者、广告代言人应当适用本法的所有相关规定，并承担相应的权利和义务。

根据本条第2款规定，利用互联网发布、发送广告负有一般义务和具体义务。首先，利用互联网发布、发送广告，不得影响用户正常使用网络，这是利用互联网发布、发送广告应当遵循的一般义务。这一规定主要是针对实践中经常出现的一些严重影响用户正常使用网络的现象：一些互联网广告或不能正常关闭，或提供欺骗性链接，或根据用户的浏览习惯连续地发送，等等。也就是说，利用互联网发布、发送广告必须考虑用户体验，考虑怎样才能不影响用户正常使用网络。其次，在互联网页面以弹出等形式发布的广告，应当显著标明关闭标志，确保一键关闭。这里的“一键关闭”效果应当是彻底的，不能在关闭一个弹窗广告的同时链接至另一个广告页面或者其他页面，或者隔一段时间又弹出同样的广告。这样一来，就将最终选择权交给了网络用户，用户可以选择保留，也可以选择关闭互联网页面上的弹出式广告。本款规定，是为了进一步解决利用互联网发布、发送广告影响用户体验的问题，以切实保障用户正常使用网络的权利。

● *相关规定*

《互联网广告管理办法》

第四十五条 “第三方平台”义务

公共场所的管理者或者电信业务经营者、互联网信息服务提供者对其明知或者应知的利用其场所或者信息传输、发布平台发送、发布违法广告的，应当予以制止。

● *实用问答*

问：制止违法广告义务的措施包括哪些？

答：制止违法广告义务是指公共场所的管理者或者电信业务经营者、互联网信息服务提供者对其明知或者应知的利用其场所或者信息传输、发布平台发送、发布违法广告的，应当采取必要的措施予以制止，以排除风险并减轻损失的义务。不同的“第三方平台”，根据其自身特点，可以采取的制止措施也不尽相同。

（一）关于公共场所的管理者

这里的公共场所既包括以公众为对象进行商业性经营的场所，

也包括为公众提供服务的非经营性场所，如商场、银行、车站、娱乐场所、宾馆、公园、体育场馆、图书馆，等等。公共场所的管理者对其场所既有管理的职权也有管理的义务。对于利用其场所发送、发布违法广告的，根据情节严重程度，应当及时采取制止发布、责令离场等措施。

（二）关于电信业务经营者

这里的电信业务经营者是指依法从事利用有线、无线的电磁系统或者光电系统，传送、发射或者接收语音、文字、数据、图像以及其他任何形式信息的业务活动的经营者。电信业务经营者对于利用其传输平台以语音、文字、图像以及其他任何形式发送、发布违法广告的，负有管理职责，应当采取必要措施予以制止，如通过暂停提供电信服务的方式立即停止传输违法信息，保存有关记录。

（三）关于互联网信息服务提供者

这里的互联网信息服务，是指通过互联网向上网用户提供信息的服务活动，包括经营性和非经营性互联网信息服务。经营性互联网信息服务是通过互联网向网络用户有偿提供信息或者网页制作的服务活动。非经营性互联网信息服务，是通过互联网向网络用户无偿提供具有公开性、共享性信息的服务活动。由于网络具有即时性、开放性的特征，信息传播极为迅速、广泛，一旦在网络上发布违法广告，如果不及时予以制止，就会使损害后果迅速扩大。客观地讲，互联网信息服务提供者具有天然的“主场”优势，拥有专业的技术配置及技术人员，可以对其平台进行实时监控，更容易及时发现其平台上的违法广告。因此，为互联网信息服务提供者设定制止违法广告的义务在客观上是可行的。互联网信息服务提供者应当及时采取删除、屏蔽、断开链接等必要措施制止违法广告继续发布，防止影响进一步扩大。

第四章　监督管理

第四十六条　特殊商品和服务广告发布前审查

发布医疗、药品、医疗器械、农药、兽药和保健食品广告，以及法律、行政法规规定应当进行审查的其他广告，应当在发布前由有关部门（以下称广告审查机关）对广告内容进行审查；未经审查，不得发布。

典型案例

1. 某区市场监督管理局查处医院管理公司广告违法案件[①]

某区市场监督管理局调查查明，医院管理公司在某平台发布未经审查的医疗器械广告，其中含有“顶级抗衰 CP”“有效解决面部衰老问题”“超声炮可以实现分层抗衰、精准加热，解决皮肤衰老导致的松、垂、皱纹等一系列问题”等违法内容，当事人的上述行为违反了《广告法》有关规定。

2023 年 4 月，某区市场监督管理局依法对当事人作出罚款 21 万元的行政处罚。

2. 某区市场监督管理局查处医疗美容诊所广告违法案件[②]

某区市场监督管理局调查查明，医疗美容诊所在某平台上发布含有“医生双眼皮修复 4 个月对比：宽深假+肉条感+睁眼费力+左右不对称”等内容的未经审查的医疗广告，当事人的上述行为违反了《广

---

① 《曝光！6 起互联网广告典型案例》，载北京市市场监督管理局网，https：//scjgj. beijing. gov. cn/zwxx/scjgdt/202308/t20230807_ 3217585. html，2023 年 10 月 8 日访问。

② 《曝光！6 起互联网广告典型案例》，载北京市市场监督管理局网，https：//scjgj. beijing. gov. cn/zwxx/scjgdt/202308/t20230807_ 3217585. html，2023 年 10 月 8 日访问。

告法》《医疗广告管理办法》相关规定。

2023 年 6 月，某区市场监督管理局依法对当事人作出罚款 21 万元的行政处罚。

相关规定

《医疗广告管理办法》

第四十七条 广告发布前审查程序

广告主申请广告审查，应当依照法律、行政法规向广告审查机关提交有关证明文件。

广告审查机关应当依照法律、行政法规规定作出审查决定，并应当将审查批准文件抄送同级市场监督管理部门。广告审查机关应当及时向社会公布批准的广告。

条文注释

本条是关于广告发布前审查程序的规定。

广告主可以自行发布广告，也可以委托广告发布者为其发布广告，还可以委托广告经营者请广告发布者发布广告。不论采取何种形式，按照本条规定，应当由广告审查机关对广告内容进行审查的广告，都应当由广告主向广告审查机关提出审查申请。

第四十八条 广告审查批准文件不得伪造、变造或者转让

任何单位或者个人不得伪造、变造或者转让广告审查批准文件。

第四十九条 市场监督管理部门职权和义务

市场监督管理部门履行广告监督管理职责，可以行使下列职权：

（一）对涉嫌从事违法广告活动的场所实施现场检查；

（二）询问涉嫌违法当事人或者其法定代表人、主要负责人和其他有关人员，对有关单位或者个人进行调查；

（三）要求涉嫌违法当事人限期提供有关证明文件；

（四）查阅、复制与涉嫌违法广告有关的合同、票据、账簿、广告作品和其他有关资料；

（五）查封、扣押与涉嫌违法广告直接相关的广告物品、经营工具、设备等财物；

（六）责令暂停发布可能造成严重后果的涉嫌违法广告；

（七）法律、行政法规规定的其他职权。

市场监督管理部门应当建立健全广告监测制度，完善监测措施，及时发现和依法查处违法广告行为。

实用问答

问：办理食品保健食品欺诈和虚假宣传案件，需现场检查经营场所时，监管执法部门可对当事人采取哪些行政措施？

答：根据《食品安全法》第110条，以及《广告法》第49条的规定，监管执法部门有权采取下列措施：（一）进入生产经营场所实施现场检查，或对涉嫌从事违法广告活动的场所实施现场检查；（二）询问涉嫌违法当事人或者其法定代表人、主要负责人和其他有关人员，对有关单位或者个人进行调查；（三）查阅、复制有关合同、票据、账簿以及其他有关资料；（四）对生产经营的食品进行抽样检验，查封、扣押有证据证明不符合食品安全标准的食品；（五）查封违法从事食品生产经营活动的场所。

典型案例

家装商行不服某市市场监督管理局虚假广告行政处罚案［山东省济宁市中级人民法院（2020）鲁08行终204号行政判决书］

原告家装商行系2018年5月9日注册设立的个体工商户，经营者为孔某某，经营范围为销售家装用品、装饰工程设计施工。2019年3月15日，原告获得“×××莎”品牌系列瓷砖产品在某市地区2019年度的销售、推广、售后服务等相关授权，并与×××莎集团股份有限公司签订《2019年度产品销售框架合同》，对原告经销代理业务产品结构、月度任务分解、知识产权保护等进行了约定。2019年3月19日，被告某市市场监督管理局接匿名举报，称原告家装商行在某市某街道某家居广场发布违法广告。某市市场监督管理局于当日决定立案调查，于2019年3月26日、28日，两次对代表原告到被告处办理举报事宜的孔某某进行调查询问，3月27日对案涉广告牌进行拍照留存，并由孔某某在照片上签名、加盖“家装商行”印章。2019年4月19日，被告制作并向原告送达《限期提供材料通知书》，要求原告5日内提交“1.‘×××莎’瓷砖是中国瓷砖唯一主板上市公司和广东瓷砖业唯一上市公司；2. 含有上述广告内容的广告发布合同和广告费用；3. 涉及上述广告内容的费用的有关账册”。期限内，原告提交了与×××莎集团股份有限公司签订的《2019年度产品销售框架合同》《授权书》《中国质量奖提名奖证书》及载明“无法提供广告费用及有关该广告的账册”内容的书面证明等材料。2019年5月8日，被告制作并向原告送达《行政处罚听证告知书》。2019年5月20日，被告依原告申请组织听证。2019年6月16日，被告经审批将案件办理期限延长

30日。2019年7月11日，被告作出《行政处罚决定书》，认定原告在广告宣传中使用×××莎瓷砖“中国瓷砖唯一主板上市公司”“广东瓷砖业唯一上市公司”用语，属于使用虚构、伪造或者无法验证的科研成果、统计资料、调查结果、文摘、引用语等信息作证明材料，以×××莎瓷砖荣获“中国质量提名奖”冒充“中国质量奖”，属于商品曾获荣誉与实际情况不符，对购买行为有实质性影响，违反了《广告法》第四条、第二十八条第二项和第三项的规定，构成虚假广告违法行为。根据《广告法》第五十五条规定并参照《山东省工商行政管理行政处罚裁量标准》第二百二十条，责令原告停止发布该违法广告并处罚款人民币200000元。

生效裁判认为，关于被告某市市场监督管理局认定原告家装商行发布虚假广告的主要证据是否充分问题。《行政诉讼法》第三十四条第一款规定“被告对作出的行政行为负有举证责任，应当提供作出该行政行为的证据和所依据的规范性文件”。《广告法》第四十九条规定“市场监督管理部门履行广告监督管理职责，可以行使下列职权：(一)对涉嫌从事违法广告活动的场所实施现场检查；(二)询问涉嫌违法当事人或者其法定代表人、主要负责人和其他有关人员，对有关单位或者个人进行调查；(三)要求涉嫌违法当事人限期提供有关证明文件；(四)查阅、复制与涉嫌违法广告有关的合同、票据、账簿、广告作品和其他有关资料；(五)查封、扣押与涉嫌违法广告直接相关的广告物品、经营工具、设备等财物；(六)责令暂停发布可能造成严重后果的涉嫌违法广告；(七)法律、行政法规规定的其他职权。市场监督管理部门应当建立健全广告监测制度，完善监测措施，及时发现和依法查处违法广告行为”。本案中，被告认定原告发布虚假广告的证据主要有：①对孔某某的询问笔录；②涉嫌广告照片

5张；③中国质量奖提名奖证书及第三届中国质量奖获奖名单一份；④甲公司、乙公司两家公司的电脑查询结果。从证据种类上看，缺少现场检查（勘验）笔录这一必要证据，案涉广告的地理位置、形制大小、展示时长、辐射范围、可能受众等基础性资料缺失。从证据要件要求上看，案涉广告牌照片仅有原告现场负责人孔某某的签名及原告字号印章，缺少拍摄人、存储介质、时间地点、执法人员、证明对象等要素，甲公司、乙公司两家公司的电脑查询结果也同样缺少查询复制人、来源介质、执法人员、证明对象等要素，而被告直接予以采信作为处罚证据，缺乏基础要素支撑。从证据说服力上看，针对同一份中国质量奖提名奖证书及第三届中国质量奖获奖名单，被告在原告坚持认为从证书字面理解，中国质量奖包括中国质量奖提名奖，且无旁证或阐释的情况下，直接认定以×××莎瓷砖荣获"中国质量提名奖"冒充"中国质量奖"，缺乏说服力。同时，上述证据也不能明确回答×××莎瓷砖是否上市，甲公司、乙公司是否属于瓷砖业的上市公司等问题。综上所述，被告提交的证据未能达到清晰且有说服力的标准，属于主要证据不足。

第五十条 授权制定利用大众传播媒介发布广告的行为规范

国务院市场监督管理部门会同国务院有关部门，制定大众传播媒介广告发布行为规范。

相关规定

《广播电视广告播出管理办法》

第五十一条 配合监管义务

市场监督管理部门依照本法规定行使职权，当事人应当协助、配合，不得拒绝、阻挠。

● *相关规定*

《治安管理处罚法》第 50 条

第五十二条 保密义务

市场监督管理部门和有关部门及其工作人员对其在广告监督管理活动中知悉的商业秘密负有保密义务。

第五十三条 投诉和举报

任何单位或者个人有权向市场监督管理部门和有关部门投诉、举报违反本法的行为。市场监督管理部门和有关部门应当向社会公开受理投诉、举报的电话、信箱或者电子邮件地址，接到投诉、举报的部门应当自收到投诉之日起七个工作日内，予以处理并告知投诉、举报人。

市场监督管理部门和有关部门不依法履行职责的，任何单位或者个人有权向其上级机关或者监察机关举报。接到举报的机关应当依法作出处理，并将处理结果及时告知举报人。

有关部门应当为投诉、举报人保密。

第五十四条 社会监督

消费者协会和其他消费者组织对违反本法规定，发布虚假广告侵害消费者合法权益，以及其他损害社会公共利益的行为，依法进行社会监督。

条文注释

本条是关于消费者协会和其他消费者组织对虚假广告等违法广告活动进行监督的规定。

消费者协会和其他消费者组织是依法成立的对商品和服务进行社会监督的保护消费者合法权益的社会组织。治理侵害消费者合法权益的虚假广告以及其他损害社会公共利益的行为，除了企业自律、政府监管外，还需要社会监督。因此，本法规定，消费者协会和其他消费者组织对违反本法规定，发布虚假广告侵害消费者合法权益，以及其他损害社会公共利益的行为，依法进行社会监督。社会监督的形式是多样的，消费者协会和其他消费者组织应按照消费者权益保护法等的规定，依法进行。

典型案例

武某光诉某市市场监督管理局、某省市场监督管理局罚款行政复议案［江苏省淮安市中级人民法院（2021）苏08行终107号行政裁定书］

原告武某光分别通过12345及12315平台向投诉举报共享教育平台入驻教育机构“××全脑训练中心”涉嫌发布虚假广告等信息，被告某省市场监督管理局在接到2019年12月5日、12月11日的投诉后，对上述投诉举报内容进行整合，对案涉第三人商业管理公司、艺术培训中心负责人进行询问，通过调查，作出案涉行政处罚决定，并将处罚结果告知原告。原告对被告针对第三人艺术培训中心作出的处罚决定不服提起本诉。

生效裁判认为，因原告的投诉涉及广告法及合同法领域，《广告法》第五十三条第一款、第二款规定："任何单位或者个人有权向工商行政管理部门和有关部门投诉、举报违反本法的行为。工商行政管理部门和有关部门应当向社会公开受理投诉、举报的电话、信箱或者电子邮件地址，接到投诉、举报的部门应当自收到投诉之日起七个工作日内，予以处理并告知投诉、举报人。工商行政管理部门和有关部门不依法履行职责的，任何单位或者个人有权向其上级机关或者监察机关举报。接到举报的机关应当依法作出处理，并将处理结果及时告知举报人。"第五十四条规定："消费者协会和其他消费者组织对违反本法规定，发布虚假广告侵害消费者合法权益，以及其他损害社会公共利益的行为，依法进行社会监督。"根据上述规定，原告有权对案涉违法广告进行投诉，但工商行政管理机关对发布广告违法行为的处理，是出于维护国家利益、社会公共利益，是对不特定公众利益的保护，并非要求行政管理机关针对特定主体提供个别性权利保护。同时，参照《工商行政处罚程序规定》及《市场监督管理行政处罚程序暂行规定》的投诉举报程序规定，举报人享有举报权和获知处理结果的权利，举报事项如果成立可以成为行政管理机关实施行政处罚的线索，但并未明确赋予举报人质疑举报处理结果从而提起诉讼的权利，故原告武某光不具备提起本案诉讼的主体资格。

第五章　法律责任

第五十五条　虚假广告行政、刑事责任

违反本法规定，发布虚假广告的，由市场监督管理部门责令停止发布广告，责令广告主在相应范围内消除影响，处广告费用三倍以上五倍以下的罚款，广告费用无法计算或者明显偏低的，处二十万元以上一百万元以下的罚款；两年内有三次以上违法行为或者有其他严重情节的，处广告费用五倍以上十倍以下的罚款，广告费用无法计算或者明显偏低的，处一百万元以上二百万元以下的罚款，可以吊销营业执照，并由广告审查机关撤销广告审查批准文件、一年内不受理其广告审查申请。

医疗机构有前款规定违法行为，情节严重的，除由市场监督管理部门依照本法处罚外，卫生行政部门可以吊销诊疗科目或者吊销医疗机构执业许可证。

广告经营者、广告发布者明知或者应知广告虚假仍设计、制作、代理、发布的，由市场监督管理部门没收广告费用，并处广告费用三倍以上五倍以下的罚款，广告费用无法计算或者明显偏低的，处二十万元以上一百万元以下的罚款；两年内有三次以上违法行为或者有其他严重情节的，处广告费用五倍以上十倍以下的罚款，广告费用无法计算或者明显偏低的，处一百万元以上二百万元以下的罚款，并可以由有关部门暂停广告发布业务、吊销营业执照。

广告主、广告经营者、广告发布者有本条第一款、第三款规定行为，构成犯罪的，依法追究刑事责任。

实用问答

本条是关于发布虚假广告应承担的行政责任、刑事责任的规定。

1. 问：发布虚假广告的刑事责任主要有哪些内容？

答：《刑法》第222条规定，广告主、广告经营者、广告发布者违反国家规定，利用广告对商品或者服务作虚假宣传，情节严重的，处二年以下有期徒刑或者拘役，并处或者单处罚金。

2. 问：在查处广告违法案件中如何认定广告经营者广告费金额？

答：对于广告经营者，广告费用是其从事广告经营活动而应收取的全部金额。在查处广告违法行为时，对负有责任的广告经营者，应以涉案广告代理费、广告设计、制作费的全部金额确认，在计算广告经营者的广告费用金额时不应再扣除其支付给媒体的广告发布费等费用。

典型案例

1. 发布以虚假或引人误解的内容欺骗、误导消费者的虚假广告被处罚案［山东省济南市中级人民法院（2021）鲁01民终1060号民事判决书］

2009年焦某因患肾病综合征、急性上呼吸道感染，在医院治疗。2009年3月6日，付某在报业集团下的某报纸发布宣传“××肾安康”功效及专科门诊的广告。2009年4月21日，焦某到付某处购买了“××肾安康”，至2010年11月，焦某共分9次购买“××肾安康”，共支付医药费13000元。服药后焦某病情加重。法院认为，付某对于焦某病情加重的损害后果应承担30%的赔偿责任，报业集团对造成的相关直接损失即医疗费应当承担连带赔偿责任。《广告法》第五十六条第二款规定，关系消费者生命健康的商品或者服务的虚假广告，造成消费者损害的，其广告经营者、广告发布者、广告代言人应当与广告主承担连带责任。《侵权责任法》第十三条规定，法律规定承担连带责任的，被侵权人有权请求部分或者全部连带责任人承担责任。报业集团应赔偿焦某医疗费24174.28元。

2. **动物药业公司发布兽药虚假违法广告案**（国家市场监督管理总局公布2020年第二批典型虚假违法广告案件[①]之二）

当事人在公司网站发布广告，含有“在全国兽药中第一家通过质量管理体系”等内容，当事人未能提供相关证明材料，该广告属虚假广告。

依据《广告法》第五十五条规定，2020年1月，江苏省兴化市市场监督管理局责令当事人停止发布违法广告，在相应范围内消除影响，并处罚款18000元。

3. **粮用器材厂发布农机虚假广告案**（国家市场监督管理总局公布2020年第二批典型虚假违法广告案件[②]之三）

当事人在其网店内销售农机产品，发布含有“最齐全”“最优惠的价格”及“脱壳率99%以上”等内容的广告，且无法提供证明资料，当事人的行为违反了《广告法》第二十八条相关规定。

依据《广告法》第五十五条相关规定，2020年1月，浙江省台

---

① 《国家市场监督管理总局公布2020年第二批典型虚假违法广告案件》，载国家市场监督管理总局网，https://www.samr.gov.cn/zt/ndzt/2020n/tctjyqfkhjjshfzgzscjgzxd/pgt/art/2023/art_5e45cc9341da43e99908f132ca8d57a0.html，2023年11月1日访问。

② 《国家市场监督管理总局公布2020年第二批典型虚假违法广告案件》，载国家市场监督管理总局网，https://www.samr.gov.cn/zt/ndzt/2020n/tctjyqfkhjjshfzgzscjgzxd/pgt/art/2023/art_5e45cc9341da43e99908f132ca8d57a0.html，2023年11月1日访问。

州市路桥区市场监督管理局作出行政处罚，责令停止发布违法广告，并处罚款 10000 元。

4. 肥业公司发布化肥违法广告案（国家市场监督管理总局公布2020年第二批典型虚假违法广告案件[①]之四）

当事人在其公司网站发布化肥广告，广告含有“草莓膨果叶面肥哪家好？央视上榜品牌喜满地”“褚大哥使用喜满地草莓膨果叶面肥，坐果率提升了一倍多”等内容，当事人无法证明“草莓坐果率提升了一倍多”的实际功效以及该产品属于“央视上榜品牌”，也无法提供实际使用效果的相关材料，违反了《广告法》第二十八条的规定。

依据《广告法》第五十五条规定，2020 年 3 月，河南省安阳市市场监督管理局对当事人作出行政处罚，责令停止发布，并处罚款 15000 元。

第五十六条 虚假广告民事责任

违反本法规定，发布虚假广告，欺骗、误导消费者，使购买商品或者接受服务的消费者的合法权益受到损害的，由广告主依法承担民事责任。广告经营者、广告发布者不能提供广告主的真实名称、地址和有效联系方式的，消费者可以要求广告经营者、广告发布者先行赔偿。

① 《国家市场监督管理总局公布 2020 年第二批典型虚假违法广告案件》，载国家市场监督管理总局网，https：//www.samr.gov.cn/zt/ndzt/2020n/tctjyqfkhjjshfzgzscjgzxd/pgt/art/2023/art_5e45cc9341da43e99908f132ca8d57a0.html，2023 年 11 月 1 日访问。

关系消费者生命健康的商品或者服务的虚假广告，造成消费者损害的，其广告经营者、广告发布者、广告代言人应当与广告主承担连带责任。

前款规定以外的商品或者服务的虚假广告，造成消费者损害的，其广告经营者、广告发布者、广告代言人，明知或者应知广告虚假仍设计、制作、代理、发布或者作推荐、证明的，应当与广告主承担连带责任。

典型案例

贺某诉广播电视台产品责任案（陕西省高级人民法院发布10起消费者权益保护典型案例[①]之四）

2019年6月，贺某在广播电视台下属卫视频道看到发布的“××护眼保健贴”广告，该广告宣传治疗眼病效果显著，而且承诺无效退款。贺某遂拨打热线电话咨询是否可以对症治疗其视网膜脱落、视物模糊、飞蚊症、白内障等眼病。该热线专家回拨电话明确承诺三个疗程，视力提高0.5，白内障、飞蚊症消失。后贺某订购三个疗程的“××护眼保健贴”，2019年6月20日涉案产品送达贺某，贺某支付1395元货款。同年7月12日该节目专家回访，因该产品系保健品对眼病无效，贺某要求退款无果，故诉请法院退还货款并增加三倍赔偿。

法院认为，本案贺某所购买的产品，并非药品，也非医疗器械，但在贺某提供的广告截图中，显示该广告有涉及疾病治疗功能的内容，使用了易使其推销的商品与药品、医疗器械相混淆的用语，且广

① 《陕西高院发布10件消费者权益保护典型案例》，载陕西法院网，http://sxgy.sxfywcourt.gov.cn/article/detail/2023/03/id/7191684.shtml，2023年10月18日访问。

播电视台提供给贺某的广告主信息并未帮助贺某联系到广告主。《广告法》规定："广告不得含有虚假或者引人误解的内容，不得欺骗、误导消费者。""除医疗、药品、医疗器械广告外，禁止其他任何广告涉及疾病治疗功能，并不得使用医疗用语或者易使推销的商品与药品、医疗器械相混淆的用语。""违反本法规定，发布虚假广告，欺骗、误导消费者，使购买商品或者接受服务的消费者的合法权益受到损害的，由广告主依法承担民事责任。广告经营者、广告发布者不能提供广告主的真实名称、地址和有效联系方式的，消费者可以要求广告经营者、广告发布者先行赔偿。"一审法院判令该广播电视台退还贺某 1395 元，并支付商品价款的三倍赔偿金。该广播电视台不服提起上诉，二审法院驳回其上诉，维持原判。

广播电视广告具有传播速度快、覆盖范围广、重复频次高、自带社会公信力等特点，通过广播电视平台购物是人民群众日常消费的重要途径。当前商品市场竞争激烈，不少电视广告通过过分包装、虚构事实、夸大功能等手段，传递错误信息引诱消费，误导消费者，严重影响了交易安全和市场秩序。本案判决不仅为消费者遭受广告欺诈时的合法维权提供了实践的参考样本，也起到遏制广告主发布虚假广告，欺骗、误导消费者的作用，同时提醒广告发布者加强对广告内容的审核，注重广告中正确价值取向的引导。

相关规定

《广告法》第 4 条；《消费者权益保护法》第 45 条；《民法典》第 178 条

第五十七条 发布违反基本准则或者本法禁止发布的广告的责任

有下列行为之一的，由市场监督管理部门责令停止发布广告，对广告主处二十万元以上一百万元以下的罚款，情节严重的，并可以吊销营业执照，由广告审查机关撤销广告审查批准文件、一年内不受理其广告审查申请；对广告经营者、广告发布者，由市场监督管理部门没收广告费用，处二十万元以上一百万元以下的罚款，情节严重的，并可以吊销营业执照：

（一）发布有本法第九条、第十条规定的禁止情形的广告的；

（二）违反本法第十五条规定发布处方药广告、药品类易制毒化学品广告、戒毒治疗的医疗器械和治疗方法广告的；

（三）违反本法第二十条规定，发布声称全部或者部分替代母乳的婴儿乳制品、饮料和其他食品广告的；

（四）违反本法第二十二条规定发布烟草广告的；

（五）违反本法第三十七条规定，利用广告推销禁止生产、销售的产品或者提供的服务，或者禁止发布广告的商品或者服务的；

（六）违反本法第四十条第一款规定，在针对未成年人的大众传播媒介上发布医疗、药品、保健食品、医疗器械、化妆品、酒类、美容广告，以及不利于未成年人身心健康的网络游戏广告的。

典型案例

1. 某市人民检察院督促整治低俗广告贬低损害妇女人格行政公益诉讼案（妇女权益保障检察公益诉讼典型案例[①]之六）

2021年8月1日，江西某公司委托某科技公司对某品牌女性个护保养系列产品提供运营、策划、推广、销售等服务。2022年4月30日，该科技公司在某品牌官方旗舰店推广销售"某品牌玻尿酸玫瑰滋养洗液"产品时，在商品详情页面的广告宣传中使用大量低俗、恶俗、媚俗用语，贬损妇女人格尊严，造成了恶劣社会影响。

2022年5月19日，江西省宜春市人民检察院在履职中发现上述线索，并移交某市人民检察院办理。同年5月23日，某市人民检察院依法以行政公益诉讼立案，并调取了涉案产品生产销售、广告制作发布等证据材料，查清了案件基本事实。为准确界定涉案广告性质，检察机关委托妇科专家出具意见，专家意见认为普通洗液产品无法达到该广告宣传的效果，会误导女性对自己的身体产生错误认知。某市人民检察院经审查认为，根据《广告法》《妇女权益保障法》《消费者权益保护法》等法律法规规定，某市市场监督管理局具有广告监督管理、妇女权益保障、消费者权益保护等职责。

2022年6月20日，某市人民检察院主持召开公开听证会，邀请某市市场监督管理局、妇女联合会、相关公司以及人大代表、人民监督员等参加，主要围绕涉案广告的违法性、危害性以及制发检察建议的必要性进行了充分讨论，听证员一致认为该广告包含低俗、引人误解内容，损害了广大妇女权益，应当制发检察建议督促行政机关履职。听证会结束后，某市人民检察院向某市市场监督管理局公开宣告

---

① 《妇女权益保障检察公益诉讼典型案例》，载最高人民检察院网，https：//www.spp.gov.cn/spp/xwfbh/wsfbt/202211/t20221125_ 593653.shtml#2，2023年10月8日访问。

送达检察建议书，建议其依法全面履行监管职责，对发布贬低、侮辱妇女人格等违背社会良好风尚违法广告的行为及时查处，并督促企业切实消除对广大妇女造成的不良社会影响；同时，对辖区内经营单位已发布广告进行全面排查并加强对本行政区内广告的日常监管。

某市市场监督管理局收到检察建议后及时依法履职，对相关企业负责人进行约谈，责令涉及低俗广告的产品全网下架，并对2家涉案企业分别作出80万元、50万元的行政处罚。同时，对辖区内经营单位涉及广告发布、产品审批报备等项目进行重点检查，先后出动执法人员200余人次，检查各类日化品、医疗器械、医疗产品等经营主体300余家，共立案查处4起违法广告，责令10余家企业进行整改；向全市生产企业、广告主、广告经营者和广告发布者发出《规范商业营销宣传的提醒告诫书》，引导企业树立正确价值取向，切实做到合法经营。

办案过程中，检察机关协同行政机关持续跟进涉案企业整改进展，积极引导企业承担社会责任，相关企业已主动发起和参与多项妇女权益保障公益性活动。目前，涉案企业已主动配合整改，依法下架相关产品，并通过解聘、降薪等方式追究了20余名涉案相关人员的责任。针对案件反映的企业监管漏洞，积极开展合规建设，完善规章制度建设。江西某公司专门增设企业合规经理岗，制定完善公司宣传管理规章制度，积极适应市场化、法治化发展需要。

妇女人格权受法律保护。企业发布贬损女性人格的低俗产品广告误导大众，不仅违背公序良俗，也违反相关法律规定，损害了广大女性的人格尊严与合法权益。本案中，检察机关结合专家意见、公开听证结论，依法发出诉前检察建议，督促相关职能部门依法约谈企业并责令下架相关产品，开展低俗广告专项整治活动，促进行业自律，引导企业合规发展，规范广告发布等经营行为，积极参与社会公益事业，实现了三个效果的有机统一。

2. 肥料科技公司发布肥料违法广告案（国家市场监督管理总局公布2020年第二批典型虚假违法广告案件[①]之一）

当事人在公司网站首页中发布广告，宣传该肥料为“全球最好的硝化抑制剂”“全球最佳氮肥管理剂”“农业部唯一认证可合法生产的氮肥增效剂”，同时在广告中使用国家机关工作人员名义，违反了《广告法》第九条第（二）项、第（三）项的规定。

依据《广告法》第五十七条第（一）项规定，2020年1月，上海市松江区市场监督管理局作出行政处罚，责令停止发布违法广告，并处罚款50000元。

● *相关规定*

《药品管理法》第90条

第五十八条 发布违反特殊准则、违法使用广告代言人或者未经依法审查的广告的责任

有下列行为之一的，由市场监督管理部门责令停止发布广告，责令广告主在相应范围内消除影响，处广告费用一倍以上三倍以下的罚款，广告费用无法计算或者明显偏低的，处十万元以上二十万元以下的罚款；情节严重的，处广告费用三倍以

① 《国家市场监督管理总局公布2020年第二批典型虚假违法广告案件》，载国家市场监督管理总局网，https://www.samr.gov.cn/zt/ndzt/2020n/tctjyqfkhjjshfzgzscjgzxd/pgt/art/2023/art_5e45cc9341da43e99908f132ca8d57a0.html，2023年11月1日访问。

上五倍以下的罚款，广告费用无法计算或者明显偏低的，处二十万元以上一百万元以下的罚款，可以吊销营业执照，并由广告审查机关撤销广告审查批准文件、一年内不受理其广告审查申请：

（一）违反本法第十六条规定发布医疗、药品、医疗器械广告的；

（二）违反本法第十七条规定，在广告中涉及疾病治疗功能，以及使用医疗用语或者易使推销的商品与药品、医疗器械相混淆的用语的；

（三）违反本法第十八条规定发布保健食品广告的；

（四）违反本法第二十一条规定发布农药、兽药、饲料和饲料添加剂广告的；

（五）违反本法第二十三条规定发布酒类广告的；

（六）违反本法第二十四条规定发布教育、培训广告的；

（七）违反本法第二十五条规定发布招商等有投资回报预期的商品或者服务广告的；

（八）违反本法第二十六条规定发布房地产广告的；

（九）违反本法第二十七条规定发布农作物种子、林木种子、草种子、种畜禽、水产苗种和种养殖广告的；

（十）违反本法第三十八条第二款规定，利用不满十周岁的未成年人作为广告代言人的；

（十一）违反本法第三十八条第三款规定，利用自然人、法人或者其他组织作为广告代言人的；

（十二）违反本法第三十九条规定，在中小学校、幼儿园内或者利用与中小学生、幼儿有关的物品发布广告的；

（十三）违反本法第四十条第二款规定，发布针对不满十四周岁的未成年人的商品或者服务的广告的；

（十四）违反本法第四十六条规定，未经审查发布广告的。

医疗机构有前款规定违法行为，情节严重的，除由市场监督管理部门依照本法处罚外，卫生行政部门可以吊销诊疗科目或者吊销医疗机构执业许可证。

广告经营者、广告发布者明知或者应知有本条第一款规定违法行为仍设计、制作、代理、发布的，由市场监督管理部门没收广告费用，并处广告费用一倍以上三倍以下的罚款，广告费用无法计算或者明显偏低的，处十万元以上二十万元以下的罚款；情节严重的，处广告费用三倍以上五倍以下的罚款，广告费用无法计算或者明显偏低的，处二十万元以上一百万元以下的罚款，并可以由有关部门暂停广告发布业务、吊销营业执照。

典型案例

1. **生物科技公司发布农药违法广告案**（国家市场监督管理总局公布2020年第二批典型虚假违法广告案件[①]之五）

当事人在其开设的“××旗舰店”网店中发布了“备能牌杀虫水乳剂”广告，该广告中含有“专注防治140种害虫，专注花卉果蔬虫

① 《国家市场监督管理总局公布2020年第二批典型虚假违法广告案件》，载国家市场监督管理总局网，https：//www. samr. gov. cn/zt/ndzt/2020n/tctjyqfkhjjshfzgzscjgzxd/pgt/art/2023/art_5e45cc9341da43e99908f132ca8d57a0. html，2023年11月1日访问。

害，一喷全灭”等表示功效断言的违法内容，违反了《广告法》第二十一条的规定。

依据《广告法》第五十八条规定，2020年3月，辽宁省新民市市场监督管理局作出行政处罚，责令停止发布虚假违法广告，在相应范围内消除影响，并处罚款3886.85元。

2. 农资门市部发布种子违法广告案（国家市场监督管理总局公布2020年第二批典型虚假违法广告案件[①]之七）

当事人通过互联网发布的种子广告中含有“比其他品种早红15天”等对经济效益做预测、保证性承诺等内容，违反了《广告法》第二十七条第一款第（三）项、第（四）项规定。

依据《广告法》第五十八条规定，2020年3月，山东省金乡县市场监督管理局作出行政处罚，责令当事人停止发布违法广告，并处罚款5000元。

3. 兽药销售公司发布兽药虚假违法广告案（国家市场监督管理总局公布2020年第二批典型虚假违法广告案件[②]之八）

当事人通过网店销售兽药产品，其发布的广告中含有“高效安全无毒”等表明功效、安全性的断言、保证内容，违反了《广告法》第二十一条第（一）项、第（二）项和第二十八条第二款第（三）项、第（五）项有关规定。

依据《广告法》第五十五条、第五十八条第一款第（四）项规

---

① 《国家市场监督管理总局公布2020年第二批典型虚假违法广告案件》，载国家市场监督管理总局网，https://www.samr.gov.cn/zt/ndzt/2020n/tctjyqfkhjjshfzgzscjgzxd/pgt/art/2023/art_5e45cc9341da43e99908f132ca8d57a0.html，2023年11月1日访问。

② 《国家市场监督管理总局公布2020年第二批典型虚假违法广告案件》，载国家市场监督管理总局网，https://www.samr.gov.cn/zt/ndzt/2020n/tctjyqfkhjjshfzgzscjgzxd/pgt/art/2023/art_5e45cc9341da43e99908f132ca8d57a0.html，2023年11月1日访问。

定，2020 年 4 月，山东省蒙阴县市场监督管理局作出行政处罚，责令当事人停止发布违法广告，并处罚款 7000 元。

第五十九条 发布违反一般准则或者贬低他人商品或服务的广告的责任

有下列行为之一的，由市场监督管理部门责令停止发布广告，对广告主处十万元以下的罚款：

（一）广告内容违反本法第八条规定的；

（二）广告引证内容违反本法第十一条规定的；

（三）涉及专利的广告违反本法第十二条规定的；

（四）违反本法第十三条规定，广告贬低其他生产经营者的商品或者服务的。

广告经营者、广告发布者明知或者应知有前款规定违法行为仍设计、制作、代理、发布的，由市场监督管理部门处十万元以下的罚款。

广告违反本法第十四条规定，不具有可识别性的，或者违反本法第十九条规定，变相发布医疗、药品、医疗器械、保健食品广告的，由市场监督管理部门责令改正，对广告发布者处十万元以下的罚款。

第六十条　广告经营者、广告发布者未依法进行广告业务管理的责任

违反本法第三十四条规定，广告经营者、广告发布者未按照国家有关规定建立、健全广告业务管理制度的，或者未对广告内容进行核对的，由市场监督管理部门责令改正，可以处五万元以下的罚款。

违反本法第三十五条规定，广告经营者、广告发布者未公布其收费标准和收费办法的，由价格主管部门责令改正，可以处五万元以下的罚款。

● *相关规定*

《价格法》第13条

第六十一条　广告代言人的责任

广告代言人有下列情形之一的，由市场监督管理部门没收违法所得，并处违法所得一倍以上二倍以下的罚款：

（一）违反本法第十六条第一款第四项规定，在医疗、药品、医疗器械广告中作推荐、证明的；

（二）违反本法第十八条第一款第五项规定，在保健食品广告中作推荐、证明的；

（三）违反本法第三十八条第一款规定，为其未使用过的商品或者未接受过的服务作推荐、证明的；

（四）明知或者应知广告虚假仍在广告中对商品、服务作推荐、证明的。

第六十二条 未经同意或者请求向他人发送广告、违法利用互联网发布广告的责任

违反本法第四十三条规定发送广告的，由有关部门责令停止违法行为，对广告主处五千元以上三万元以下的罚款。

违反本法第四十四条第二款规定，利用互联网发布广告，未显著标明关闭标志，确保一键关闭的，由市场监督管理部门责令改正，对广告主处五千元以上三万元以下的罚款。

条文注释

本条是关于违反本法规定向他人发送广告以及利用互联网发布广告应承担的行政责任的规定。

本条第1款规范的违法行为包括：（1）未经当事人书面或者口头同意或者请求，即向其住宅、交通工具等发送广告，或者通过固定电话、移动电话、消费者个人的电子邮箱等电子信息方式向其发送广告。（2）在经当事人同意或者请求以电子信息方式发送的广告中，未明示发送者的名称等真实身份，以及有效邮寄地址等联系方式。（3）在经当事人同意或者请求以电子信息方式发送的广告中，未向接收者提供拒绝继续接收的方式，不能使接收者很容易地免费取消订阅。有上述违法行为的，由有关主管部门责令停止违法行为，同时，对广告主处五千元以上三万元以下的罚款。

利用互联网发布广告，未显著标明关闭标志，确保一键关闭的，广告主应当承担相应责任。针对实践中网络弹窗广告泛滥、影响用户正常使用网络的问题，本法第44条第2款明确规定："……在互联网页面以弹出等形式发布的广告，应当显著标明关闭标志，确保一键关闭。"广告主违反该款规定，利用互联网发布广告未显著标明关闭标

志的，或者不能确保用户一键关闭该广告的，应当按照本条第2款的规定承担责任，即由市场监督管理部门责令改正，同时，对广告主处五千元以上三万元以下的罚款。

● *相关规定*

《广告法》第43条、第44条

第六十三条 公共场所的管理者和电信业务经营者、互联网信息服务提供者未依法制止违法广告活动的责任

违反本法第四十五条规定，公共场所的管理者和电信业务经营者、互联网信息服务提供者，明知或者应知广告活动违法不予制止的，由市场监督管理部门没收违法所得，违法所得五万元以上的，并处违法所得一倍以上三倍以下的罚款，违法所得不足五万元的，并处一万元以上五万元以下的罚款；情节严重的，由有关部门依法停止相关业务。

● *典型案例*

某区市场监督管理局申请执行×科眼部保健服务部行政处罚案

[四川省巴中市巴州区人民法院（2020）川1902行审141号行政裁定书]

被执行人眼部保健服务部经营者张某于2017年11月9日与×科生物技术公司签订加盟协议，由该公司统一设计装修店面、提供所有广告宣传资料；2018年4月该公司通过快递邮寄了“诚信示范经营认证企业”“×科视力2018年度CCTV展播企业荣誉证书”“CCTV.com央视网广告合作伙伴×科青少年视力服务连锁机构 上央视网看×科儿童视力矫正”“市级非物质文化遗产砭灸补穴疗法”4块牌匾和9张广告牌，被执行人收到后将上述广告悬挂于该保健服务部墙上，同时

为了方便当事人推广，公司还为当事人制定了3个立式广告牌（2018年1月公司通过快递发货给当事人）及2000份广告宣传单（2018年11月公司通过运输公司发货给当事人，随即对外发放，截至2019年4月28日，还剩下1000份未发放）。

广告宣传单上标注有“CCTV. com 央视网广告合作伙伴，告别眼镜的时代来临了！×科视力某区店是一家专业的视力矫正连锁机构，采用砭灸补穴法，调理脏腑，提高视功能，×科视力三大功效：提升视力摘掉眼镜、绿色疗法安全科学有效 视力提升后巩固零反弹，千年秘方专利产品，专利号：×××，×科砭灸补穴自然疗法简介”等内容。立式广告牌上标注有“×科视力 ×科让您的孩子提升视力告别眼镜；恢复好视力 爸妈少烦恼”等内容；服务部内墙面两侧上粘贴的广告牌上标注有“目前社会上治疗近视的几种方法比较 ×科砭灸补穴疗法针对眼部和耳部对应的穴位进行理疗，全面调节眼部的气血营运，刺激激发神经肌肉的生理机能，是目前最安全，最有效的方法”等内容。广告宣传单上标注的“×科视力三大功效：提升视力摘掉眼镜 绿色疗法安全科学有效 视力提升后巩固零反弹”等内容及服务部内悬挂的相关牌匾，因上述广告都是公司统一提供的，故当事人不能提供相关证明材料，且当事人在对外发布上述广告前未对广告内容进行审查。

同时，当事人按照加盟公司的统一收费标准6800元/人对外收费，消费者缴费后在当事人处进行视力纠正时不限时间、不限次数，当事人为消费者提供服务的仪器由公司提供，除缴纳加盟金外未缴纳其他费用，因当事人未建立相关台账故无法计算违法所得。

根据以上事实和证据，申请执行人认为：被执行人对在其经营场所内发布的广告应尽到审查义务，应知晓除医疗、药品、医疗器械广告外，其他任何广告涉及疾病治疗功能，使用医疗用语或者易使推销的商品与药品、医疗器械相混淆的用语等内容的广告属违法广告，被执行人未主动予以制止。被执行人利用经营场所发布违法广告宣传视力纠正服务的行为违反了《广告法》第四十五条“公共场所的管理者或者电信业务经营者、互联网信息服务提供者对其明知或者应知的利用其场所或者信息传输、发布平台发送、发布违法广告的，应当予以制止”之规定，属违法行为。依据《广告法》第六十四条“违反本法第四十五条规定，公共场所的管理者和电信业务经营者、互联网信息服务提供者，明知或者应知广告活动违法不予制止的，由工商行政管理部门没收违法所得，违法所得五万元以上的，并处违法所得一倍以上三倍以下的罚款，违法所得不足五万元的，并处一万元以上五万元以下的罚款；情节严重的，由有关部门依法停止相关业务”之规定，依法应予以行政处罚。2019 年 5 月 16 日，申请执行人作出《行政听证告知书》。2019 年 5 月 29 日，申请执行人作出行政处罚决定书，行政处罚如下：1. 责令停止违法行为；2. 处罚款人民币：12000. 00 元。

2019 年 5 月 29 日，被执行人×科眼部保健服务部收到行政处罚决定书，其既未在法定期限内申请复议或者提起行政诉讼，又未在规定的期限内缴纳罚款。2019 年 10 月 1 日申请执行人作出履行行政处罚决定催告书，当日向被执行人送达该催告书。逾期后被执行人×科眼部保健服务部未履行该处罚决定书所确定的义务。

四川省巴中市巴州区人民法院认为，被执行人×科眼部保健服务部利用经营场所发布违法广告宣传视力纠正服务的行为违反了《广告法》第四十五条、第六十四条之规定，申请执行人某区市场监督管理局作出的行政处罚决定书，认定事实清楚，证据确凿，适用法律、法规正确，符合法定程序，该行政行为合法。申请执行人申请人民法院强制执行符合法律规定。本院予以支持。据此，依照《行政强制法》第五十三条、第五十四条、第五十七条之规定，裁定如下：准予强制执行申请执行人某区市场监督管理局作出的行政处罚决定书。

相关规定

《广告法》第 45 条

第六十四条　隐瞒真实情况或者提供虚假材料申请广告审查的责任

违反本法规定，隐瞒真实情况或者提供虚假材料申请广告审查的，广告审查机关不予受理或者不予批准，予以警告，一年内不受理该申请人的广告审查申请；以欺骗、贿赂等不正当手段取得广告审查批准的，广告审查机关予以撤销，处十万元以上二十万元以下的罚款，三年内不受理该申请人的广告审查申请。

第六十五条　伪造、变造或者转让广告审查批准文件的责任

违反本法规定，伪造、变造或者转让广告审查批准文件的，由市场监督管理部门没收违法所得，并处一万元以上十万元以下的罚款。

相关规定

《广告法》第 46 条、第 48 条

第六十六条 信用档案制度

有本法规定的违法行为的，由市场监督管理部门记入信用档案，并依照有关法律、行政法规规定予以公示。

第六十七条 广播电台、电视台、报刊音像出版单位及其主管部门的责任

广播电台、电视台、报刊音像出版单位发布违法广告，或者以新闻报道形式变相发布广告，或者以介绍健康、养生知识等形式变相发布医疗、药品、医疗器械、保健食品广告，市场监督管理部门依照本法给予处罚的，应当通报新闻出版、广播电视主管部门以及其他有关部门。新闻出版、广播电视主管部门以及其他有关部门应当依法对负有责任的主管人员和直接责任人员给予处分；情节严重的，并可以暂停媒体的广告发布业务。

新闻出版、广播电视主管部门以及其他有关部门未依照前款规定对广播电台、电视台、报刊音像出版单位进行处理的，对负有责任的主管人员和直接责任人员，依法给予处分。

相关规定

《公职人员政务处分法》

第六十八条 民事责任

广告主、广告经营者、广告发布者违反本法规定，有下列侵权行为之一的，依法承担民事责任：

（一）在广告中损害未成年人或者残疾人的身心健康的；

（二）假冒他人专利的；

（三）贬低其他生产经营者的商品、服务的；

（四）在广告中未经同意使用他人名义或者形象的；

（五）其他侵犯他人合法民事权益的。

● *相关规定*

《广告法》第 9 条、第 10 条、第 13 条、第 31 条、第 33 条

第六十九条 对公司、企业广告违法行为负有个人责任的法定代表人的责任

因发布虚假广告，或者有其他本法规定的违法行为，被吊销营业执照的公司、企业的法定代表人，对违法行为负有个人责任的，自该公司、企业被吊销营业执照之日起三年内不得担任公司、企业的董事、监事、高级管理人员。

● *相关规定*

《广告法》第 57 条、第 58 条

第七十条 拒绝、阻挠市场监督管理部门监督检查等违反治安管理行为的责任

违反本法规定，拒绝、阻挠市场监督管理部门监督检查，或者有其他构成违反治安管理行为的，依法给予治安管理处罚；构成犯罪的，依法追究刑事责任。

● *相关规定*

《治安管理处罚法》第 50 条；《刑法》第 277 条

第七十一条 广告审查机关的责任

广告审查机关对违法的广告内容作出审查批准决定的，对负有责任的主管人员和直接责任人员，由任免机关或者监察机关依法给予处分；构成犯罪的，依法追究刑事责任。

相关规定

《广告法》第 46 条、第 47 条；《公务员法》；《公职人员政务处分法》

第七十二条 广告管理部门及其工作人员的责任

市场监督管理部门对在履行广告监测职责中发现的违法广告行为或者对经投诉、举报的违法广告行为，不依法予以查处的，对负有责任的主管人员和直接责任人员，依法给予处分。

市场监督管理部门和负责广告管理相关工作的有关部门的工作人员玩忽职守、滥用职权、徇私舞弊的，依法给予处分。

有前两款行为，构成犯罪的，依法追究刑事责任。

相关规定

《广告法》第 49 条、第 53 条；《公务员法》第 61～65 条；《公职人员政务处分法》；《刑法》第 397 条

第六章　附　　则

第七十三条　公益广告

国家鼓励、支持开展公益广告宣传活动，传播社会主义核心价值观，倡导文明风尚。

大众传播媒介有义务发布公益广告。广播电台、电视台、报刊出版单位应当按照规定的版面、时段、时长发布公益广告。公益广告的管理办法，由国务院市场监督管理部门会同有关部门制定。

● *相关规定*

《广告法》第2条；《公益广告促进和管理暂行办法》

第七十四条　实施日期

本法自2015年9月1日起施行。

附录一

广告管理条例

（1987年10月26日国务院发布）

第一条 为了加强广告管理，推动广告事业的发展，有效地利用广告媒介为社会主义建设服务，制定本条例。

第二条 凡通过报刊、广播、电视、电影、路牌、橱窗、印刷品、霓虹灯等媒介或者形式，在中华人民共和国境内刊播、设置、张贴广告，均属本条例管理范围。

第三条 广告内容必须真实、健康、清晰、明白，不得以任何形式欺骗用户和消费者。

第四条 在广告经营活动中，禁止垄断和不正当竞争行为。

第五条 广告的管理机关是国家工商行政管理机关和地方各级工商行政管理机关。

第六条 经营广告业务的单位和个体工商户（以下简称广告经营者），应当按照本条例和有关法规的规定，向工商行政管理机关申请，分别情况办理审批登记手续：

（一）专营广告业务的企业，发给《企业法人营业执照》；

（二）兼营广告业务的事业单位，发给《广告经营许可证》；

（三）具备经营广告业务能力的个体工商户，发给《营业执照》；

（四）兼营广告业务的企业，应当办理经营范围变更登记。

第七条　广告客户申请刊播、设置、张贴的广告，其内容应当在广告客户的经营范围或者国家许可的范围内。

第八条　广告有下列内容之一的，不得刊播、设置、张贴：

（一）违反我国法律、法规的；

（二）损害我国民族尊严的；

（三）有中国国旗、国徽、国歌标志、国歌音响的；

（四）有反动、淫秽、迷信、荒诞内容的；

（五）弄虚作假的；

（六）贬低同类产品的。

第九条　新闻单位刊播广告，应当有明确的标志。新闻单位不得以新闻报道形式刊播广告，收取费用；新闻记者不得借采访名义招揽广告。

第十条　禁止利用广播、电视、报刊为卷烟做广告。

获得国家级、部级、省级各类奖的优质名酒，经工商行政管理机关批准，可以做广告。

第十一条　申请刊播、设置、张贴下列广告，应当提交有关证明：

（一）标明质量标准的商品广告，应当提交省辖市以上标准化管理部门或者经计量认证合格的质量检验机构的证明；

（二）标明获奖的商品广告，应当提交本届、本年度或者数届、数年度连续获奖的证书，并在广告中注明获奖级别和颁奖部门；

（三）标明优质产品称号的商品广告，应当提交政府颁发的优质产品证书，并在广告中标明授予优质产品称号的时间和部门；

（四）标明专利权的商品广告，应当提交专利证书；

（五）标明注册商标的商品广告，应当提交商标注册证；

（六）实施生产许可证的产品广告，应当提交生产许可证；

（七）文化、教育、卫生广告，应当提交上级行政主管部门的证明；

（八）其他各类广告，需要提交证明的，应当提交政府有关部门或者其授权单位的证明。

第十二条 广告经营者承办或者代理广告业务，应当查验证明，审查广告内容。对违反本条例规定的广告，不得刊播、设置、张贴。

第十三条 户外广告的设置、张贴，由当地人民政府组织工商行政管理、城建、环保、公安等有关部门制订规划，工商行政管理机关负责监督实施。

在政府机关和文物保护单位周围的建筑控制地带以及当地人民政府禁止设置、张贴广告的区域，不得设置、张贴广告。

第十四条 广告收费标准，由广告经营者制订，报当地工商行政管理机关和物价管理机关备案。

第十五条 广告业务代理费标准，由国家工商行政管理机关会同国家物价管理机关制定。

户外广告场地费、建筑物占用费的收费标准，由当地工商行政管理机关会同物价、城建部门协商制订，报当地人民政府批准。

第十六条 广告经营者必须按照国家规定设置广告会计账簿，依法纳税，并接受财政、审计、工商行政管理部门的监督检查。

第十七条 广告经营者承办或者代理广告业务，应当与客户或者被代理人签订书面合同，明确各方的责任。

第十八条 广告客户或者广告经营者违反本条例规定，由工商行政管理机关根据其情节轻重，分别给予下列处罚：

（一）停止发布广告；

（二）责令公开更正；

（三）通报批评；

（四）没收非法所得；

（五）罚款；

（六）停业整顿；

（七）吊销营业执照或者广告经营许可证。

违反本条例规定，情节严重，构成犯罪的，由司法机关依法追究刑事责任。

第十九条 广告客户和广告经营者对工商行政管理机关处罚决定不服的，可以在收到处罚通知之日起 15 日内，向上一级工商行政管理机关申请复议。对复议决定仍不服的，可以在收到复议决定之日起 30 日内，向人民法院起诉。

第二十条 广告客户和广告经营者违反本条例规定，使用户和消费者蒙受损失，或者有其他侵权行为的，应当承担赔偿责任。

损害赔偿，受害人可以请求县以上工商行政管理机关处理。当事人对工商行政管理机关处理不服的，可以向人民法院起诉。受害人也可以直接向人民法院起诉。

第二十一条 本条例由国家工商行政管理局负责解释；施行细则由国家工商行政管理局制定。

第二十二条 本条例自 1987 年 12 月 1 日起施行。1982 年 2 月 6 日国务院发布的《广告管理暂行条例》同时废止。

医疗广告管理办法

（2006 年 11 月 10 日国家工商行政管理总局、卫生部令第 26 号公布　自 2007 年 1 月 1 日起施行）

第一条　为加强医疗广告管理，保障人民身体健康，根据《广告法》、《医疗机构管理条例》、《中医药条例》等法律法规的规定，制定本办法。

第二条　本办法所称医疗广告，是指利用各种媒介或者形式直接或间接介绍医疗机构或医疗服务的广告。

第三条　医疗机构发布医疗广告，应当在发布前申请医疗广告审查。未取得《医疗广告审查证明》，不得发布医疗广告。

第四条　工商行政管理机关负责医疗广告的监督管理。

卫生行政部门、中医药管理部门负责医疗广告的审查，并对医疗机构进行监督管理。

第五条　非医疗机构不得发布医疗广告，医疗机构不得以内部科室名义发布医疗广告。

第六条　医疗广告内容仅限于以下项目：

（一）医疗机构第一名称；

（二）医疗机构地址；

（三）所有制形式；

（四）医疗机构类别；

（五）诊疗科目；

（六）床位数；

（七）接诊时间；

（八）联系电话。

（一）至（六）项发布的内容必须与卫生行政部门、中医药管理部门核发的《医疗机构执业许可证》或其副本载明的内容一致。

第七条 医疗广告的表现形式不得含有以下情形：

（一）涉及医疗技术、诊疗方法、疾病名称、药物的；

（二）保证治愈或者隐含保证治愈的；

（三）宣传治愈率、有效率等诊疗效果的；

（四）淫秽、迷信、荒诞的；

（五）贬低他人的；

（六）利用患者、卫生技术人员、医学教育科研机构及人员以及其他社会社团、组织的名义、形象作证明的；

（七）使用解放军和武警部队名义的；

（八）法律、行政法规规定禁止的其他情形。

第八条 医疗机构发布医疗广告，应当向其所在地省级卫生行政部门申请，并提交以下材料：

（一）《医疗广告审查申请表》；

（二）《医疗机构执业许可证》副本原件和复印件，复印件应当加盖核发其《医疗机构执业许可证》的卫生行政部门公章；

（三）医疗广告成品样件。电视、广播广告可以先提交镜头脚本和广播文稿。

中医、中西医结合、民族医医疗机构发布医疗广告，应当向其所在地省级中医药管理部门申请。

第九条 省级卫生行政部门、中医药管理部门应当自受理之日起20日内对医疗广告成品样件内容进行审查。卫生行政部门、中医药管理部门需要请有关专家进行审查的，可延长10日。

对审查合格的医疗广告，省级卫生行政部门、中医药管理部门发给《医疗广告审查证明》，并将通过审查的医疗广告样件和核发的《医疗广告审查证明》予以公示；对审查不合格的医疗广告，应当书面通知医疗机构并告知理由。

第十条 省级卫生行政部门、中医药管理部门应对已审查的医疗广告成品样件和审查意见予以备案保存，保存时间自《医疗广告审查证明》生效之日起至少两年。

第十一条 《医疗广告审查申请表》、《医疗广告审查证明》的格式由卫生部、国家中医药管理局规定。

第十二条 省级卫生行政部门、中医药管理部门应在核发《医疗广告审查证明》之日起五个工作日内，将《医疗广告审查证明》抄送本地同级工商行政管理机关。

第十三条 《医疗广告审查证明》的有效期为一年。到期后仍需继续发布医疗广告的，应重新提出审查申请。

第十四条 发布医疗广告应当标注医疗机构第一名称和《医疗广告审查证明》文号。

第十五条 医疗机构发布户外医疗广告，应在取得《医疗广告审查证明》后，按照《户外广告登记管理规定》办理登记。

医疗机构在其法定控制地带标示仅含有医疗机构名称的户外广告，无需申请医疗广告审查和户外广告登记。

第十六条 禁止利用新闻形式、医疗资讯服务类专题节（栏）目发布或变相发布医疗广告。

有关医疗机构的人物专访、专题报道等宣传内容，可以出现医疗机构名称，但不得出现有关医疗机构的地址、联系方式等医疗广告内容；不得在同一媒介的同一时间段或者版面发布该医疗机构的广告。

第十七条 医疗机构应当按照《医疗广告审查证明》核准的广告成品样件内容与媒体类别发布医疗广告。

医疗广告内容需要改动或者医疗机构的执业情况发生变化，与经审查的医疗广告成品样件内容不符的，医疗机构应当重新提出审查申请。

第十八条 广告经营者、广告发布者发布医疗广告，应当由其广告审查员查验《医疗广告审查证明》，核实广告内容。

第十九条 有下列情况之一的，省级卫生行政部门、中医药管理部门应当收回《医疗广告审查证明》，并告知有关医疗机构：

（一）医疗机构受到停业整顿、吊销《医疗机构执业许可证》的；

（二）医疗机构停业、歇业或被注销的；

（三）其他应当收回《医疗广告审查证明》的情形。

第二十条 医疗机构违反本办法规定发布医疗广告，县级以上地方卫生行政部门、中医药管理部门应责令其限期改正，给予警告；情节严重的，核发《医疗机构执业许可证》的卫生行政部门、中医药管理部门可以责令其停业整顿、吊销有关诊疗科目，直至吊销《医疗机构执业许可证》。

未取得《医疗机构执业许可证》发布医疗广告的，按非法行医处罚。

第二十一条 医疗机构篡改《医疗广告审查证明》内容发布医疗广告的，省级卫生行政部门、中医药管理部门应当撤销《医疗广告审查证明》，并在一年内不受理该医疗机构的广告审查申请。

省级卫生行政部门、中医药管理部门撤销《医疗广告审查证明》

后，应当自作出行政处理决定之日起 5 个工作日内通知同级工商行政管理机关，工商行政管理机关应当依法予以查处。

第二十二条 工商行政管理机关对违反本办法规定的广告主、广告经营者、广告发布者依据《广告法》、《反不正当竞争法》予以处罚，对情节严重，造成严重后果的，可以并处一至六个月暂停发布医疗广告、直至取消广告经营者、广告发布者的医疗广告经营和发布资格的处罚。法律法规没有规定的，工商行政管理机关应当对负有责任的广告主、广告经营者、广告发布者给予警告或者处以一万元以上三万元以下的罚款；医疗广告内容涉嫌虚假的，工商行政管理机关可根据需要会同卫生行政部门、中医药管理部门作出认定。

第二十三条 本办法自 2007 年 1 月 1 日起施行。

广播电视广告播出管理办法

（2009 年 9 月 8 日 国家广播电影电视总局令第 61 号　根据 2011 年 11 月 25 日《〈广播电视广告播出管理办法〉的补充规定》修订）

第一章　总则

第一条　为了规范广播电视广告播出秩序，促进广播电视广告业健康发展，保障公民合法权益，依据《中华人民共和国广告法》、《广播电视管理条例》等法律、行政法规，制定本办法。

第二条　广播电台、电视台（含广播电视台）等广播电视播出机构（以下简称“播出机构”）的广告播出活动，以及广播电视传输机构的相关活动，适用本办法。

第三条　本办法所称广播电视广告包括公益广告和商业广告（含资讯服务、广播购物和电视购物短片广告等）。

第四条　广播电视广告播出活动应当坚持以人为本，遵循合法、真实、公平、诚实信用的原则。

第五条　广播电视行政部门对广播电视广告播出活动实行属地管理、分级负责。

国务院广播电视行政部门负责全国广播电视广告播出活动的监督管理工作。

县级以上地方人民政府广播电视行政部门负责本行政区域内广播电视广告播出活动的监督管理工作。

第六条 广播电视行政部门鼓励广播电视公益广告制作和播出，对成绩显著的组织、个人予以表彰。

第二章 广告内容

第七条 广播电视广告是广播电视节目的重要组成部分，应当坚持正确导向，树立良好文化品位，与广播电视节目相和谐。

第八条 广播电视广告禁止含有下列内容：

（一）反对宪法确定的基本原则的；

（二）危害国家统一、主权和领土完整，危害国家安全，或者损害国家荣誉和利益的；

（三）煽动民族仇恨、民族歧视，侵害民族风俗习惯，伤害民族感情，破坏民族团结，违反宗教政策的；

（四）扰乱社会秩序，破坏社会稳定的；

（五）宣扬邪教、淫秽、赌博、暴力、迷信，危害社会公德或者民族优秀文化传统的；

（六）侮辱、歧视或者诽谤他人，侵害他人合法权益的；

（七）诱使未成年人产生不良行为或者不良价值观，危害其身心健康的；

（八）使用绝对化语言，欺骗、误导公众，故意使用错别字或者篡改成语的；

（九）商业广告中使用、变相使用中华人民共和国国旗、国徽、国歌，使用、变相使用国家领导人、领袖人物的名义、形象、声音、名言、字体或者国家机关和国家机关工作人员的名义、形象的；

（十）药品、医疗器械、医疗和健康资讯类广告中含有宣传治愈率、有效率，或者以医生、专家、患者、公众人物等形象做疗效证明的；

（十一）法律、行政法规和国家有关规定禁止的其他内容。

第九条 禁止播出下列广播电视广告：

（一）以新闻报道形式发布的广告；

（二）烟草制品广告；

（三）处方药品广告；

（四）治疗恶性肿瘤、肝病、性病或者提高性功能的药品、食品、医疗器械、医疗广告；

（五）姓名解析、运程分析、缘分测试、交友聊天等声讯服务广告；

（六）出现“母乳代用品”用语的乳制品广告；

（七）法律、行政法规和国家有关规定禁止播出的其他广告。

第十条 时政新闻类节（栏）目不得以企业或者产品名称等冠名。有关人物专访、企业专题报道等节目中不得含有地址和联系方式等内容。

第十一条 投资咨询、金融理财和连锁加盟等具有投资性质的广告，应当含有“投资有风险”等警示内容。

第十二条 除福利彩票、体育彩票等依法批准的广告外，不得播出其他具有博彩性质的广告。

第三章 广告播出

第十三条 广播电视广告播出应当合理编排。其中，商业广告应当控制总量、均衡配置。

第十四条 广播电视广告播出不得影响广播电视节目的完整性。除在节目自然段的间歇外，不得随意插播广告。

第十五条 播出机构每套节目每小时商业广告播出时长不得超过12分钟。其中，广播电台在11：00至13：00之间、电视台在19：00至21：00之间，商业广告播出总时长不得超过18分钟。

在执行转播、直播任务等特殊情况下，商业广告可以顺延播出。

第十六条 播出机构每套节目每日公益广告播出时长不得少于商业广告时长的3%。其中，广播电台在11：00至13：00之间、电视台在19：00至21：00之间，公益广告播出数量不得少于4条（次）。

第十七条 播出电视剧时，不得在每集（以四十五分钟计）中间以任何形式插播广告。播出电影时，插播广告参照前款规定执行。

第十八条 除电影、电视剧剧场或者节（栏）目冠名标识外，禁止播出任何形式的挂角广告。

第十九条 电影、电视剧剧场或者节（栏）目冠名标识不得含有下列情形：

（一）单独出现企业、产品名称，或者剧场、节（栏）目名称难以辨认的；

（二）标识尺寸大于台标，或者企业、产品名称的字体尺寸大于剧场、节（栏）目名称的；

（三）翻滚变化，每次显示时长超过5分钟，或者每段冠名标识显示间隔少于10分钟的；

（四）出现经营服务范围、项目、功能、联系方式、形象代言人等文字、图像的。

第二十条 电影、电视剧剧场或者节（栏）目不得以治疗皮肤病、癫痫、痔疮、脚气、妇科、生殖泌尿系统等疾病的药品或者医疗机构作冠名。

第二十一条 转播、传输广播电视节目时，必须保证被转播、传输节目的完整性。不得替换、遮盖所转播、传输节目中的广告；不得以游动字幕、叠加字幕、挂角广告等任何形式插播自行组织的广告。

第二十二条 经批准在境内落地的境外电视频道中播出的广告，其内容应当符合中国法律、法规和本办法的规定。

第二十三条 播出商业广告应当尊重公众生活习惯。在6：30至7：30、11：30至12：30以及18：30至20：00的公众用餐时间，不得播出治疗皮肤病、痔疮、脚气、妇科、生殖泌尿系统等疾病的药品、医疗器械、医疗和妇女卫生用品广告。

第二十四条 播出机构应当严格控制酒类商业广告，不得在以未成年人为主要传播对象的频率、频道、节（栏）目中播出。广播电台每套节目每小时播出的烈性酒类商业广告，不得超过2条；电视台每套节目每日播出的烈性酒类商业广告不得超过12条，其中19：00至21：00之间不得超过2条。

第二十五条 在中小学生假期和未成年人相对集中的收听、收视时段，或者以未成年人为主要传播对象的频率、频道、节（栏）目中，不得播出不适宜未成年人收听、收视的商业广告。

第二十六条 播出电视商业广告时不得隐匿台标和频道标识。

第二十七条 广告主、广告经营者不得通过广告投放等方式干预、影响广播电视节目的正常播出。

第四章　监督管理

第二十八条 县级以上人民政府广播电视行政部门应当加强对本

行政区域内广播电视广告播出活动的监督管理，建立、完善监督管理制度和技术手段。

第二十九条 县级以上人民政府广播电视行政部门应当建立公众举报机制，公布举报电话，及时调查、处理并公布结果。

第三十条 县级以上地方人民政府广播电视行政部门在对广播电视广告违法行为作出处理决定后5个工作日内，应当将处理情况报上一级人民政府广播电视行政部门备案。

第三十一条 因公共利益需要等特殊情况，省、自治区、直辖市以上人民政府广播电视行政部门可以要求播出机构在指定时段播出特定的公益广告，或者作出暂停播出商业广告的决定。

第三十二条 播出机构从事广告经营活动应当取得合法资质，非广告经营部门不得从事广播电视广告经营活动，记者不得借采访名义承揽广告业务。

第三十三条 播出机构应当建立广告经营、审查、播出管理制度，负责对所播出的广告进行审查。

第三十四条 播出机构应当加强对广告业务承接登记、审核等档案资料的保存和管理。

第三十五条 药品、医疗器械、医疗、食品、化妆品、农药、兽药、金融理财等须经有关行政部门审批的商业广告，播出机构在播出前应当严格审验其依法批准的文件、材料。不得播出未经审批、材料不全或者与审批通过的内容不一致的商业广告。

第三十六条 制作和播出药品、医疗器械、医疗和健康资讯类广告需要聘请医学专家作为嘉宾的，播出机构应当核验嘉宾的医师执业证书、工作证、职称证明等相关证明文件，并在广告中据实提示，不得聘请无有关专业资质的人员担当嘉宾。

第三十七条 因广告主、广告经营者提供虚假证明文件导致播出的广告违反本办法规定的，广播电视行政部门可以对有关播出机构减轻或者免除处罚。

第三十八条 国务院广播电视行政部门推动建立播出机构行业自律组织。该组织可以按照章程的规定，采取向社会公告、推荐和撤销“广播电视广告播出行业自律示范单位”等措施，加强行业自律。

第五章 法律责任

第三十九条 违反本办法第八条、第九条的规定，由县级以上人民政府广播电视行政部门责令停止违法行为或者责令改正，给予警告，可以并处三万元以下罚款；情节严重的，由原发证机关吊销《广播电视频道许可证》、《广播电视播出机构许可证》。

第四十条 违反本办法第十五条、第十六条、第十七条的规定，以及违反本办法第二十一条规定插播广告的，由县级以上人民政府广播电视行政部门依据《广播电视管理条例》第五十条、第五十一条的有关规定给予处罚。

第四十一条 违反本办法第十条、第十二条、第十八条、第十九条、第二十条、第二十三条至第二十七条、第三十三条、第三十五条、第三十六条的规定，或者违反本办法第二十一条规定替换、遮盖广告的，由县级以上人民政府广播电视行政部门责令停止违法行为或者责令改正，给予警告，可以并处二万元以下罚款。

第四十二条 违反本办法规定的播出机构，由县级以上人民政府广播电视行政部门依据国家有关规定予以处理。

第四十三条 广播电视行政部门工作人员滥用职权、玩忽职守、徇私舞弊或者未依照本办法规定履行职责的，对负有责任的主管人员和直接责任人员依法给予处分。

第六章 附 则

第四十四条 本办法自 2010 年 1 月 1 日起施行。2003 年 9 月 15 日国家广播电影电视总局发布的《广播电视广告播放管理暂行办法》同时废止。

大众传播媒介广告发布审查规定

（2012 年 2 月 9 日　工商广字〔2012〕26 号）

根据《中华人民共和国广告法》等法律法规有关广告发布者应查验证明文件、核实广告内容、建立健全广告管理制度的要求，为进一步落实大众传播媒介的广告发布审查责任，制定本规定。

一、大众传播媒介应当履行法定的广告审查义务，在广告发布前查验相关广告证明文件、核实广告内容，确保广告真实、合法，符合社会主义精神文明建设要求。

二、大众传播媒介应当明确广告审查责任。广告审查员负责广告审查的具体工作，广告经营管理部门负责人负责广告复审，分管领导负责广告审核。

三、大众传播媒介应当配备广告审查员。广告审查员应当参加广告法律法规及广告业务培训，经培训合格后，履行以下职责：

（1）审查本单位发布的广告，提出书面意见；

（2）管理本单位的广告审查档案；

（3）提出改进本单位广告审查工作的意见和建议；

（4）协助处理本单位广告管理的其他有关事宜。

四、大众传播媒介的广告审查员应当按照下列程序进行审查：

（1）查验各类广告证明文件的真实性、合法性、有效性，对证明文件不全的，要求补充证明文件；

（2）审核广告内容是否真实、合法，是否符合社会主义精神文明建设的要求；

（3）检查广告表现形式和使用的语言文字是否符合有关规定；

（4）审查广告整体效果，确认其不致引起消费者的误解；

（5）提出对该广告同意、不同意或者要求修改的书面意见。

广告审查员应当主动登录相关政府网站，查询了解相关部门公布的广告批准文件、违法广告公告、广告监测监管等信息。

五、大众传播媒介的广告经营管理部门负责人、分管领导应当对广告审查员审查通过的广告进行复查、审核。经复查、审核符合广告法律法规规定的广告，方可发布。

六、大众传播媒介应当依法建立广告业务的承接登记、审核、档案管理制度。广告审查的书面意见应当与广告档案一同保存备查。

七、大众传播媒介对群众举报、投诉的广告，应当责成广告审查员重新审查核实，要求广告主就被举报、投诉的事项做出说明，补充提供有关证明材料。

对广告主不能提供证明材料或者提供的有关证明材料不足以证实广告内容的真实性、合法性，大众传播媒介应当立即停止发布该广告。

八、大众传播媒介每年度应当对广告审查员、广告经营管理部门负责人进行广告审查工作绩效考核。

对年度内未认真履行广告审查职责，致使违法广告多次发布的，大众传播媒介应当对广告审查员及相关负责人给予批评教育、调离工作岗位等处理。

九、广告监督管理机关应当加强广告发布审查工作的行政指导，在日常广告监测监管、处理广告举报投诉、查办广告违法案件等工作中，了解掌握大众传播媒介及广告审查员落实广告发布审查制度、履行审查职责的情况，并向有关部门通报情况，提出有关建议。

十、广告监督管理机关应当加强大众传播媒介广告审查员、广告经营管理部门负责人的广告法律法规培训工作，定期组织新任广告审查员培训和广告审查员广告法律法规知识更新培训。

十一、大众传播媒介的行政主管部门应当监督、督促大众传播媒介认真执行广告发布的有关规定，切实落实广告发布审查责任，依法审查广告。

十二、大众传播媒介的行政主管部门应当对不执行广告发布审查规定，导致严重虚假违法广告屡禁不止、广告违法率居高不下，造成恶劣社会影响及后果的大众传播媒介，予以警示告诫、通报批评等处理，依照有关规定追究主管领导和相关责任人的责任。

十三、本规定所称大众传播媒介是指广播电视播出机构、报纸期刊出版单位以及互联网信息服务单位。

大众传播媒介以外的其他广告发布者，参照本规定执行。

公益广告促进和管理暂行办法

（2016 年 1 月 15 日国家工商行政管理总局、国家互联网信息办公室、工业和信息化部、住房城乡建设部、交通运输部、国家新闻出版广电总局令第 84 号公布　自 2016 年 3 月 1 日起施行）

第一条　为促进公益广告事业发展，规范公益广告管理，发挥公益广告在社会主义经济建设、政治建设、文化建设、社会建设、生态文明建设中的积极作用，根据《中华人民共和国广告法》和有关规定，制定本办法。

第二条　本办法所称公益广告，是指传播社会主义核心价值观，倡导良好道德风尚，促进公民文明素质和社会文明程度提高，维护国家和社会公共利益的非营利性广告。

政务信息、服务信息等各类公共信息以及专题宣传片等不属于本办法所称的公益广告。

第三条　国家鼓励、支持开展公益广告活动，鼓励、支持、引导单位和个人以提供资金、技术、劳动力、智力成果、媒介资源等方式参与公益广告宣传。

各类广告发布媒介均有义务刊播公益广告。

第四条　公益广告活动在中央和各级精神文明建设指导委员会指导协调下开展。

工商行政管理部门履行广告监管和指导广告业发展职责，负责公益广告工作的规划和有关管理工作。

新闻出版广电部门负责新闻出版和广播电视媒体公益广告制作、

刊播活动的指导和管理。

通信主管部门负责电信业务经营者公益广告制作、刊播活动的指导和管理。

网信部门负责互联网企业公益广告制作、刊播活动的指导和管理。

铁路、公路、水路、民航等交通运输管理部门负责公共交通运载工具及相关场站公益广告刊播活动的指导和管理。

住房城乡建设部门负责城市户外广告设施设置、建筑工地围挡、风景名胜区公益广告刊播活动的指导和管理。

精神文明建设指导委员会其他成员单位应当积极做好公益广告有关工作，涉及本部门职责的，应当予以支持 ，并做好相关管理工作。

第五条 公益广告应当保证质量，内容符合下列规定：

（一）价值导向正确，符合国家法律法规和社会主义道德规范要求；

（二）体现国家和社会公共利益；

（三）语言文字使用规范；

（四）艺术表现形式得当，文化品位良好。

第六条 公益广告内容应当与商业广告内容相区别，商业广告中涉及社会责任内容的，不属于公益广告。

第七条 企业出资设计、制作、发布或者冠名的公益广告，可以标注企业名称和商标标识，但应当符合以下要求：

（一）不得标注商品或者服务的名称以及其他与宣传、推销商品或者服务有关的内容，包括单位地址、网址、电话号码、其他联系方式等；

（二）平面作品标注企业名称和商标标识的面积不得超过广告面积的 1/5；

（三）音频、视频作品显示企业名称和商标标识的时间不得超过

5 秒或者总时长的 1/5，使用标版形式标注企业名称和商标标识的时间不得超过 3 秒或者总时长的 1/5；

（四）公益广告画面中出现的企业名称或者商标标识不得使社会公众在视觉程度上降低对公益广告内容的感受和认知；

（五）不得以公益广告名义变相设计、制作、发布商业广告。

违反前款规定的，视为商业广告。

第八条 公益广告稿源包括公益广告通稿、公益广告作品库稿件以及自行设计制作稿件。

各类广告发布媒介均有义务刊播精神文明建设指导委员会审定的公益广告通稿作品。

公益广告主管部门建立公益广告作品库，稿件供社会无偿选择使用。

单位和个人自行设计制作发布公益广告，公益广告主管部门应当无偿提供指导服务 。

第九条 广播电台、电视台按照新闻出版广电部门规定的条（次），在每套节目每日播出公益广告。其中，广播电台在 6：00 至 8：00 之间、11：00 至 13：00 之间，电视台在 19：00 至 21：00 之间，播出数量不得少于主管部门规定的条（次）。

中央主要报纸平均每日出版 16 版（含）以上的，平均每月刊登公益广告总量不少于 8 个整版；平均每日出版少于 16 版多于 8 版的，平均每月刊登公益广告总量不少于 6 个整版；平均每日出版 8 版（含）以下的，平均每月刊登公益广告总量不少于 4 个整版。省（自治区、直辖市）和省会、副省级城市党报平均每日出版 12 版（含）以上的，平均每月刊登公益广告总量不少于 6 个整版；平均每日出版 12 版（不含）以下的，平均每月刊登公益广告总量不少于 4 个整版。

其他各级党报、晚报、都市报和行业报，平均每月刊登公益广告总量不少于2个整版。

中央主要时政类期刊以及各省（自治区、直辖市）和省会、副省级城市时政类期刊平均每期至少刊登公益广告1个页面；其他大众生活、文摘类期刊，平均每两期至少刊登公益广告1个页面。

政府网站、新闻网站、经营性网站等应当每天在网站、客户端以及核心产品的显著位置宣传展示公益广告。其中，刊播时间应当在6：00至24：00之间，数量不少于主管部门规定的条（次）。鼓励网站结合自身特点原创公益广告，充分运用新技术新手段进行文字、图片、视频、游戏、动漫等多样化展示，论坛、博客、微博客、即时通讯工具等多渠道传播，网页、平板电脑、手机等多终端覆盖，长期宣传展示公益广告。

电信业务经营者要运用手机媒体及相关经营业务经常性刊播公益广告。

第十条 有关部门和单位应当运用各类社会媒介刊播公益广告。

机场、车站、码头、影剧院、商场、宾馆、商业街区、城市社区、广场、公园、风景名胜区等公共场所的广告设施或者其他适当位置，公交车、地铁、长途客车、火车、飞机等公共交通工具的广告刊播介质或者其他适当位置，适当地段的建筑工地围挡、景观灯杆等构筑物，均有义务刊播公益广告通稿作品或者经主管部门审定的其他公益广告。此类场所公益广告的设置发布应当整齐、安全，与环境相协调，美化周边环境。

工商行政管理、住房城乡建设等部门鼓励、支持有关单位和个人在商品包装或者装潢、企业名称、商标标识、建筑设计、家具设计、服装设计等日常生活事物中，合理融入社会主流价值，传播中华文化，弘扬中国精神。

第十一条 国家支持和鼓励在生产、生活领域增加公益广告设施和发布渠道，扩大社会影响。

住房城乡建设部门编制户外广告设施设置规划，应当规划一定比例公益广告空间设施。发布广告设施招标计划时，应当将发布一定数量公益广告作为前提条件。

第十二条 公益广告主管部门应当制定并公布年度公益广告活动规划。

公益广告发布者应当于每季度第一个月 5 日前，将上一季度发布公益广告的情况报当地工商行政管理部门备案。广播、电视、报纸、期刊以及电信业务经营者、互联网企业等还应当将发布公益广告的情况分别报当地新闻出版广电、通信主管部门、网信部门备案。

工商行政管理部门对广告媒介单位发布公益广告情况进行监测和检查，定期公布公益广告发布情况。

第十三条 发布公益广告情况纳入文明城市、文明单位、文明网站创建工作测评。

广告行业组织应当将会员单位发布公益广告情况纳入行业自律考评。

第十四条 公益广告设计制作者依法享有公益广告著作权，任何单位和个人应依法使用公益广告作品，未经著作权人同意，不得擅自使用或者更改使用。

第十五条 公益广告活动违反本办法规定，有关法律、法规、规章有规定的，由有关部门依法予以处罚；有关法律、法规、规章没有规定的，由有关部门予以批评、劝诫，责令改正。

第十六条 本办法自 2016 年 3 月 1 日起施行。

药品、医疗器械、保健食品、特殊医学用途配方食品广告审查管理暂行办法

（2019 年 12 月 24 日国家市场监督管理总局令第 21 号公布 自 2020 年 3 月 1 日起施行）

第一条 为加强药品、医疗器械、保健食品和特殊医学用途配方食品广告监督管理，规范广告审查工作，维护广告市场秩序，保护消费者合法权益，根据《中华人民共和国广告法》等法律、行政法规，制定本办法。

第二条 药品、医疗器械、保健食品和特殊医学用途配方食品广告的审查适用本办法。

未经审查不得发布药品、医疗器械、保健食品和特殊医学用途配方食品广告。

第三条 药品、医疗器械、保健食品和特殊医学用途配方食品广告应当真实、合法，不得含有虚假或者引人误解的内容。

广告主应当对药品、医疗器械、保健食品和特殊医学用途配方食品广告内容的真实性和合法性负责。

第四条 国家市场监督管理总局负责组织指导药品、医疗器械、保健食品和特殊医学用途配方食品广告审查工作。

各省、自治区、直辖市市场监督管理部门、药品监督管理部门（以下称广告审查机关）负责药品、医疗器械、保健食品和特殊医学用途配方食品广告审查，依法可以委托其他行政机关具体实施广告审查。

第五条 药品广告的内容应当以国务院药品监督管理部门核准的说明书为准。药品广告涉及药品名称、药品适应症或者功能主治、药理作用等内容的，不得超出说明书范围。

药品广告应当显著标明禁忌、不良反应，处方药广告还应当显著标明“本广告仅供医学药学专业人士阅读”，非处方药广告还应当显著标明非处方药标识（OTC）和“请按药品说明书或者在药师指导下购买和使用”。

第六条 医疗器械广告的内容应当以药品监督管理部门批准的注册证书或者备案凭证、注册或者备案的产品说明书内容为准。医疗器械广告涉及医疗器械名称、适用范围、作用机理或者结构及组成等内容的，不得超出注册证书或者备案凭证、注册或者备案的产品说明书范围。

推荐给个人自用的医疗器械的广告，应当显著标明“请仔细阅读产品说明书或者在医务人员的指导下购买和使用”。医疗器械产品注册证书中有禁忌内容、注意事项的，广告应当显著标明“禁忌内容或者注意事项详见说明书”。

第七条 保健食品广告的内容应当以市场监督管理部门批准的注册证书或者备案凭证、注册或者备案的产品说明书内容为准，不得涉及疾病预防、治疗功能。保健食品广告涉及保健功能、产品功效成分或者标志性成分及含量、适宜人群或者食用量等内容的，不得超出注册证书或者备案凭证、注册或者备案的产品说明书范围。

保健食品广告应当显著标明“保健食品不是药物，不能代替药物治疗疾病”，声明本品不能代替药物，并显著标明保健食品标志、适宜人群和不适宜人群。

第八条 特殊医学用途配方食品广告的内容应当以国家市场监督

管理总局批准的注册证书和产品标签、说明书为准。特殊医学用途配方食品广告涉及产品名称、配方、营养学特征、适用人群等内容的，不得超出注册证书、产品标签、说明书范围。

特殊医学用途配方食品广告应当显著标明适用人群、“不适用于非目标人群使用”“请在医生或者临床营养师指导下使用”。

第九条 药品、医疗器械、保健食品和特殊医学用途配方食品广告应当显著标明广告批准文号。

第十条 药品、医疗器械、保健食品和特殊医学用途配方食品广告中应当显著标明的内容，其字体和颜色必须清晰可见、易于辨认，在视频广告中应当持续显示。

第十一条 药品、医疗器械、保健食品和特殊医学用途配方食品广告不得违反《中华人民共和国广告法》第九条、第十六条、第十七条、第十八条、第十九条规定，不得包含下列情形：

（一）使用或者变相使用国家机关、国家机关工作人员、军队单位或者军队人员的名义或者形象，或者利用军队装备、设施等从事广告宣传；

（二）使用科研单位、学术机构、行业协会或者专家、学者、医师、药师、临床营养师、患者等的名义或者形象作推荐、证明；

（三）违反科学规律，明示或者暗示可以治疗所有疾病、适应所有症状、适应所有人群，或者正常生活和治疗病症所必需等内容；

（四）引起公众对所处健康状况和所患疾病产生不必要的担忧和恐惧，或者使公众误解不使用该产品会患某种疾病或者加重病情的内容；

（五）含有“安全”“安全无毒副作用”“毒副作用小”；明示或者暗示成分为“天然”，因而安全性有保证等内容；

（六）含有“热销、抢购、试用”“家庭必备、免费治疗、免费赠送”等诱导性内容，“评比、排序、推荐、指定、选用、获奖”等综合性评价内容，“无效退款、保险公司保险”等保证性内容，怂恿消费者任意、过量使用药品、保健食品和特殊医学用途配方食品的内容；

（七）含有医疗机构的名称、地址、联系方式、诊疗项目、诊疗方法以及有关义诊、医疗咨询电话、开设特约门诊等医疗服务的内容；

（八）法律、行政法规规定不得含有的其他内容。

第十二条 药品、医疗器械、保健食品和特殊医学用途配方食品注册证明文件或者备案凭证持有人及其授权同意的生产、经营企业为广告申请人（以下简称申请人）。

申请人可以委托代理人办理药品、医疗器械、保健食品和特殊医学用途配方食品广告审查申请。

第十三条 药品、特殊医学用途配方食品广告审查申请应当依法向生产企业或者进口代理人等广告主所在地广告审查机关提出。

医疗器械、保健食品广告审查申请应当依法向生产企业或者进口代理人所在地广告审查机关提出。

第十四条 申请药品、医疗器械、保健食品、特殊医学用途配方食品广告审查，应当依法提交《广告审查表》、与发布内容一致的广告样件，以及下列合法有效的材料：

（一）申请人的主体资格相关材料，或者合法有效的登记文件；

（二）产品注册证明文件或者备案凭证、注册或者备案的产品标签和说明书，以及生产许可文件；

（三）广告中涉及的知识产权相关有效证明材料。

经授权同意作为申请人的生产、经营企业，还应当提交合法的授权文件；委托代理人进行申请的，还应当提交委托书和代理人的主体资格相关材料。

第十五条 申请人可以到广告审查机关受理窗口提出申请，也可以通过信函、传真、电子邮件或者电子政务平台提交药品、医疗器械、保健食品和特殊医学用途配方食品广告申请。

广告审查机关收到申请人提交的申请后，应当在五个工作日内作出受理或者不予受理决定。申请材料齐全、符合法定形式的，应当予以受理，出具《广告审查受理通知书》。申请材料不齐全、不符合法定形式的，应当一次性告知申请人需要补正的全部内容。

第十六条 广告审查机关应当对申请人提交的材料进行审查，自受理之日起十个工作日内完成审查工作。经审查，对符合法律、行政法规和本办法规定的广告，应当作出审查批准的决定，编发广告批准文号。

对不符合法律、行政法规和本办法规定的广告，应当作出不予批准的决定，送达申请人并说明理由，同时告知其享有依法申请行政复议或者提起行政诉讼的权利。

第十七条 经审查批准的药品、医疗器械、保健食品和特殊医学用途配方食品广告，广告审查机关应当通过本部门网站以及其他方便公众查询的方式，在十个工作日内向社会公开。公开的信息应当包括广告批准文号、申请人名称、广告发布内容、广告批准文号有效期、广告类别、产品名称、产品注册证明文件或者备案凭证编号等内容。

第十八条 药品、医疗器械、保健食品和特殊医学用途配方食品广告批准文号的有效期与产品注册证明文件、备案凭证或者生产许可文件最短的有效期一致。

产品注册证明文件、备案凭证或者生产许可文件未规定有效期的，广告批准文号有效期为两年。

第十九条 申请人有下列情形的，不得继续发布审查批准的广告，并应当主动申请注销药品、医疗器械、保健食品和特殊医学用途配方食品广告批准文号：

（一）主体资格证照被吊销、撤销、注销的；

（二）产品注册证明文件、备案凭证或者生产许可文件被撤销、注销的；

（三）法律、行政法规规定应当注销的其他情形。

广告审查机关发现申请人有前款情形的，应当依法注销其药品、医疗器械、保健食品和特殊医学用途配方食品广告批准文号。

第二十条 广告主、广告经营者、广告发布者应当严格按照审查通过的内容发布药品、医疗器械、保健食品和特殊医学用途配方食品广告，不得进行剪辑、拼接、修改。

已经审查通过的广告内容需要改动的，应当重新申请广告审查。

第二十一条 下列药品、医疗器械、保健食品和特殊医学用途配方食品不得发布广告：

（一）麻醉药品、精神药品、医疗用毒性药品、放射性药品、药品类易制毒化学品，以及戒毒治疗的药品、医疗器械；

（二）军队特需药品、军队医疗机构配制的制剂；

（三）医疗机构配制的制剂；

（四）依法停止或者禁止生产、销售或者使用的药品、医疗器械、保健食品和特殊医学用途配方食品；

（五）法律、行政法规禁止发布广告的情形。

第二十二条 本办法第二十一条规定以外的处方药和特殊医学用

途配方食品中的特定全营养配方食品广告只能在国务院卫生行政部门和国务院药品监督管理部门共同指定的医学、药学专业刊物上发布。

不得利用处方药或者特定全营养配方食品的名称为各种活动冠名进行广告宣传。不得使用与处方药名称或者特定全营养配方食品名称相同的商标、企业字号在医学、药学专业刊物以外的媒介变相发布广告，也不得利用该商标、企业字号为各种活动冠名进行广告宣传。

特殊医学用途婴儿配方食品广告不得在大众传播媒介或者公共场所发布。

第二十三条 药品、医疗器械、保健食品和特殊医学用途配方食品广告中只宣传产品名称（含药品通用名称和药品商品名称）的，不再对其内容进行审查。

第二十四条 经广告审查机关审查通过并向社会公开的药品广告，可以依法在全国范围内发布。

第二十五条 违反本办法第十条规定，未显著、清晰表示广告中应当显著标明内容的，按照《中华人民共和国广告法》第五十九条处罚。

第二十六条 有下列情形之一的，按照《中华人民共和国广告法》第五十八条处罚：

（一）违反本办法第二条第二款规定，未经审查发布药品、医疗器械、保健食品和特殊医学用途配方食品广告；

（二）违反本办法第十九条规定或者广告批准文号已超过有效期，仍继续发布药品、医疗器械、保健食品和特殊医学用途配方食品广告；

（三）违反本办法第二十条规定，未按照审查通过的内容发布药品、医疗器械、保健食品和特殊医学用途配方食品广告。

第二十七条 违反本办法第十一条第二项至第五项规定，发布药品、医疗器械、保健食品和特殊医学用途配方食品广告的，依照《中华人民共和国广告法》第五十八条的规定处罚；构成虚假广告的，依照《中华人民共和国广告法》第五十五条的规定处罚。

第二十八条 违反本办法第十一条第六项至第八项规定，发布药品、医疗器械、保健食品和特殊医学用途配方食品广告的，《中华人民共和国广告法》及其他法律法规有规定的，依照相关规定处罚，没有规定的，由县级以上市场监督管理部门责令改正；对负有责任的广告主、广告经营者、广告发布者处以违法所得三倍以下罚款，但最高不超过三万元；没有违法所得的，可处一万元以下罚款。

第二十九条 违反本办法第十一条第一项、第二十一条、第二十二条规定的，按照《中华人民共和国广告法》第五十七条处罚。

第三十条 有下列情形之一的，按照《中华人民共和国广告法》第六十五条处罚：

（一）隐瞒真实情况或者提供虚假材料申请药品、医疗器械、保健食品和特殊医学用途配方食品广告审查的；

（二）以欺骗、贿赂等不正当手段取得药品、医疗器械、保健食品和特殊医学用途配方食品广告批准文号的。

第三十一条 市场监督管理部门对违反本办法规定的行为作出行政处罚决定后，应当依法通过国家企业信用信息公示系统向社会公示。

第三十二条 广告审查机关的工作人员玩忽职守、滥用职权、徇私舞弊的，依法给予处分。构成犯罪的，依法追究刑事责任。

第三十三条 本办法涉及的文书格式范本由国家市场监督管理总局统一制定。

第三十四条 本办法自2020年3月1日起施行。1996年12月30日原国家工商行政管理局令第72号公布的《食品广告发布暂行规定》，2007年3月3日原国家工商行政管理总局、原国家食品药品监督管理局令第27号公布的《药品广告审查发布标准》，2007年3月13日原国家食品药品监督管理局、原国家工商行政管理总局令第27号发布的《药品广告审查办法》，2009年4月7日原卫生部、原国家工商行政管理总局、原国家食品药品监督管理局令第65号发布的《医疗器械广告审查办法》，2009年4月28日原国家工商行政管理总局、原卫生部、原国家食品药品监督管理局令第40号公布的《医疗器械广告审查发布标准》同时废止。

兽药广告审查发布规定

（2015年12月24日国家工商行政管理总局令第82号公布
根据2020年10月23日《国家市场监督管理总局关于修改部分规章的决定》修订）

第一条 为了保证兽药广告的真实、合法、科学，制定本规定。

第二条 发布兽药广告，应当遵守《中华人民共和国广告法》（以下简称《广告法》）及国家有关兽药管理的规定。

第三条 下列兽药不得发布广告：

（一）兽用麻醉药品、精神药品以及兽医医疗单位配制的兽药制剂；

（二）所含成分的种类、含量、名称与兽药国家标准不符的兽药；

（三）临床应用发现超出规定毒副作用的兽药；

（四）国务院农牧行政管理部门明令禁止使用的，未取得兽药产品批准文号或者未取得《进口兽药注册证书》的兽药。

第四条 兽药广告不得含有下列内容：

（一）表示功效、安全性的断言或者保证；

（二）利用科研单位、学术机构、技术推广机构、行业协会或者专业人士、用户的名义或者形象作推荐、证明；

（三）说明有效率；

（四）违反安全使用规程的文字、语言或者画面；

（五）法律、行政法规规定禁止的其他内容。

第五条 兽药广告不得贬低同类产品，不得与其他兽药进行功效和安全性对比。

第六条 兽药广告中不得含有“最高技术”、“最高科学”、“最进步制法”、“包治百病”等绝对化的表示。

第七条 兽药广告中不得含有评比、排序、推荐、指定、选用、获奖等综合性评价内容。

第八条 兽药广告不得含有直接显示疾病症状和病理的画面，也不得含有“无效退款”、“保险公司保险”等承诺。

第九条 兽药广告中兽药的使用范围不得超出国家兽药标准的规定。

第十条 兽药广告的批准文号应当列为广告内容同时发布。

第十一条 违反本规定的兽药广告，广告经营者不得设计、制作，广告发布者不得发布。

第十二条 违反本规定发布广告，《广告法》及其他法律法规有规定的，依照有关法律法规规定予以处罚。法律法规没有规定的，对负有责任的广告主、广告经营者、广告发布者，处以违法所得三倍以下但不超过三万元的罚款；没有违法所得的，处以一万元以下的罚款。

第十三条 本规定自 2016 年 2 月 1 日起施行。1995 年 3 月 28 日国家工商行政管理局第 26 号令公布的《兽药广告审查标准》同时废止。

农药广告审查发布规定

（2015 年 12 月 24 日国家工商行政管理总局令第 81 号公布　根据 2020 年 10 月 23 日《国家市场监督管理总局关于修改部分规章的决定》修订）

第一条　为了保证农药广告的真实、合法、科学，制定本规定。

第二条　发布农药广告，应当遵守《中华人民共和国广告法》（以下简称《广告法》）及国家有关农药管理的规定。

第三条　未经国家批准登记的农药不得发布广告。

第四条　农药广告内容应当与《农药登记证》和《农药登记公告》的内容相符，不得任意扩大范围。

第五条　农药广告不得含有下列内容：

（一）表示功效、安全性的断言或者保证；

（二）利用科研单位、学术机构、技术推广机构、行业协会或者专业人士、用户的名义或者形象作推荐、证明；

（三）说明有效率；

（四）违反安全使用规程的文字、语言或者画面；

（五）法律、行政法规规定禁止的其他内容。

第六条　农药广告不得贬低同类产品，不得与其他农药进行功效和安全性对比。

第七条　农药广告中不得含有评比、排序、推荐、指定、选用、获奖等综合性评价内容。

第八条　农药广告中不得使用直接或者暗示的方法，以及模棱两可、言过其实的用语，使人在产品的安全性、适用性或者政府批准等方面产生误解。

第九条　农药广告中不得滥用未经国家认可的研究成果或者不科学的词句、术语。

第十条　农药广告中不得含有“无效退款”、“保险公司保险”等承诺。

第十一条　农药广告的批准文号应当列为广告内容同时发布。

第十二条　违反本规定的农药广告，广告经营者不得设计、制作，广告发布者不得发布。

第十三条　违反本规定发布广告，《广告法》及其他法律法规有规定的，依照有关法律法规规定予以处罚。法律法规没有规定的，对负有责任的广告主、广告经营者、广告发布者，处以违法所得三倍以下但不超过三万元的罚款；没有违法所得的，处以一万元以下的罚款。

第十四条　本规定自 2016 年 2 月 1 日起施行。1995 年 3 月 28 日国家工商行政管理局第 28 号令公布的《农药广告审查标准》同时废止。

房地产广告发布规定

（2015 年 12 月 24 日国家工商行政管理总局令第 80 号公布 根据 2021 年 4 月 2 日《国家市场监督管理总局关于废止和修改部分规章的决定》修改）

第一条 发布房地产广告，应当遵守《中华人民共和国广告法》（以下简称《广告法》）、《中华人民共和国城市房地产管理法》、《中华人民共和国土地管理法》及国家有关规定。

第二条 本规定所称房地产广告，指房地产开发企业、房地产权利人、房地产中介服务机构发布的房地产项目预售、预租、出售、出租、项目转让以及其他房地产项目介绍的广告。

居民私人及非经营性售房、租房、换房广告，不适用本规定。

第三条 房地产广告必须真实、合法、科学、准确，不得欺骗、误导消费者。

第四条 房地产广告，房源信息应当真实，面积应当表明为建筑面积或者套内建筑面积，并不得含有下列内容：

（一）升值或者投资回报的承诺；

（二）以项目到达某一具体参照物的所需时间表示项目位置；

（三）违反国家有关价格管理的规定；

（四）对规划或者建设中的交通、商业、文化教育设施以及其他市政条件作误导宣传。

第五条 凡下列情况的房地产，不得发布广告：

（一）在未经依法取得国有土地使用权的土地上开发建设的；

（二）在未经国家征用的集体所有的土地上建设的；

（三）司法机关和行政机关依法裁定、决定查封或者以其他形式限制房地产权利的；

（四）预售房地产，但未取得该项目预售许可证的；

（五）权属有争议的；

（六）违反国家有关规定建设的；

（七）不符合工程质量标准，经验收不合格的；

（八）法律、行政法规规定禁止的其他情形。

第六条 发布房地产广告，应当具有或者提供下列相应真实、合法、有效的证明文件：

（一）房地产开发企业、房地产权利人、房地产中介服务机构的营业执照或者其他主体资格证明；

（二）房地产主管部门颁发的房地产开发企业资质证书；

（三）自然资源主管部门颁发的项目土地使用权证明；

（四）工程竣工验收合格证明；

（五）发布房地产项目预售、出售广告，应当具有地方政府建设主管部门颁发的预售、销售许可证证明；出租、项目转让广告，应当具有相应的产权证明；

（六）中介机构发布所代理的房地产项目广告，应当提供业主委托证明；

（七）确认广告内容真实性的其他证明文件。

第七条 房地产预售、销售广告，必须载明以下事项：

（一）开发企业名称；

（二）中介服务机构代理销售的，载明该机构名称；

（三）预售或者销售许可证书号。

广告中仅介绍房地产项目名称的，可以不必载明上述事项。

第八条 房地产广告不得含有风水、占卜等封建迷信内容，对项目情况进行的说明、渲染，不得有悖社会良好风尚。

第九条 房地产广告中涉及所有权或者使用权的，所有或者使用的基本单位应当是有实际意义的完整的生产、生活空间。

第十条 房地产广告中对价格有表示的，应当清楚表示为实际的销售价格，明示价格的有效期限。

第十一条 房地产广告中的项目位置示意图，应当准确、清楚，比例恰当。

第十二条 房地产广告中涉及的交通、商业、文化教育设施及其他市政条件等，如在规划或者建设中，应当在广告中注明。

第十三条 房地产广告涉及内部结构、装修装饰的，应当真实、准确。

第十四条 房地产广告中不得利用其他项目的形象、环境作为本项目的效果。

第十五条 房地产广告中使用建筑设计效果图或者模型照片的，应当在广告中注明。

第十六条 房地产广告中不得出现融资或者变相融资的内容。

第十七条 房地产广告中涉及贷款服务的，应当载明提供贷款的银行名称及贷款额度、年期。

第十八条 房地产广告中不得含有广告主能够为入住者办理户口、就业、升学等事项的承诺。

第十九条 房地产广告中涉及物业管理内容的，应当符合国家有关规定；涉及尚未实现的物业管理内容，应当在广告中注明。

第二十条 房地产广告中涉及房地产价格评估的，应当表明评估单位、估价师和评估时间；使用其他数据、统计资料、文摘、引用语的，应当真实、准确，表明出处。

第二十一条 违反本规定发布广告，《广告法》及其他法律法规有规定的，依照有关法律法规规定予以处罚。法律法规没有规定的，对负有责任的广告主、广告经营者、广告发布者，处以违法所得三倍以下但不超过三万元的罚款；没有违法所得的，处以一万元以下的罚款。

第二十二条 本规定自 2016 年 2 月 1 日起施行。1998 年 12 月 3 日国家工商行政管理局令第 86 号公布的《房地产广告发布暂行规定》同时废止。

互联网广告管理办法

（2023年2月25日国家市场监督管理总局令第72号公布 自2023年5月1日起施行）

第一条 为了规范互联网广告活动，保护消费者的合法权益，促进互联网广告业健康发展，维护公平竞争的市场经济秩序，根据《中华人民共和国广告法》（以下简称广告法）《中华人民共和国电子商务法》（以下简称电子商务法）等法律、行政法规，制定本办法。

第二条 在中华人民共和国境内，利用网站、网页、互联网应用程序等互联网媒介，以文字、图片、音频、视频或者其他形式，直接或者间接地推销商品或者服务的商业广告活动，适用广告法和本办法的规定。

法律、行政法规、部门规章、强制性国家标准以及国家其他有关规定要求应当展示、标示、告知的信息，依照其规定。

第三条 互联网广告应当真实、合法，坚持正确导向，以健康的表现形式表达广告内容，符合社会主义精神文明建设和弘扬中华优秀传统文化的要求。

利用互联网从事广告活动，应当遵守法律、法规，诚实信用，公平竞争。

国家鼓励、支持开展互联网公益广告宣传活动，传播社会主义核心价值观和中华优秀传统文化，倡导文明风尚。

第四条 利用互联网为广告主或者广告主委托的广告经营者发布广告的自然人、法人或者其他组织，适用广告法和本办法关于广告发布者的规定。

利用互联网提供信息服务的自然人、法人或者其他组织，适用广告法和本办法关于互联网信息服务提供者的规定；从事互联网广告设计、制作、代理、发布等活动的，应当适用广告法和本办法关于广告经营者、广告发布者等主体的规定。

第五条 广告行业组织依照法律、法规、部门规章和章程的规定，制定行业规范、自律公约和团体标准，加强行业自律，引导会员主动践行社会主义核心价值观、依法从事互联网广告活动，推动诚信建设，促进行业健康发展。

第六条 法律、行政法规规定禁止生产、销售的产品或者提供的服务，以及禁止发布广告的商品或者服务，任何单位或者个人不得利用互联网设计、制作、代理、发布广告。

禁止利用互联网发布烟草（含电子烟）广告。

禁止利用互联网发布处方药广告，法律、行政法规另有规定的，依照其规定。

第七条 发布医疗、药品、医疗器械、农药、兽药、保健食品、特殊医学用途配方食品广告等法律、行政法规规定应当进行审查的广告，应当在发布前由广告审查机关对广告内容进行审查；未经审查，不得发布。

对须经审查的互联网广告，应当严格按照审查通过的内容发布，不得剪辑、拼接、修改。已经审查通过的广告内容需要改动的，应当重新申请广告审查。

第八条 禁止以介绍健康、养生知识等形式，变相发布医疗、药品、医疗器械、保健食品、特殊医学用途配方食品广告。

介绍健康、养生知识的，不得在同一页面或者同时出现相关医疗、药品、医疗器械、保健食品、特殊医学用途配方食品的商品经营者或者服务提供者地址、联系方式、购物链接等内容。

第九条 互联网广告应当具有可识别性，能够使消费者辨明其为广告。

对于竞价排名的商品或者服务，广告发布者应当显著标明“广告”，与自然搜索结果明显区分。

除法律、行政法规禁止发布或者变相发布广告的情形外，通过知识介绍、体验分享、消费测评等形式推销商品或者服务，并附加购物链接等购买方式的，广告发布者应当显著标明“广告”。

第十条 以弹出等形式发布互联网广告，广告主、广告发布者应当显著标明关闭标志，确保一键关闭，不得有下列情形：

（一）没有关闭标志或者计时结束才能关闭广告；

（二）关闭标志虚假、不可清晰辨识或者难以定位等，为关闭广告设置障碍；

（三）关闭广告须经两次以上点击；

（四）在浏览同一页面、同一文档过程中，关闭后继续弹出广告，影响用户正常使用网络；

（五）其他影响一键关闭的行为。

启动互联网应用程序时展示、发布的开屏广告适用前款规定。

第十一条 不得以下列方式欺骗、误导用户点击、浏览广告：

（一）虚假的系统或者软件更新、报错、清理、通知等提示；

（二）虚假的播放、开始、暂停、停止、返回等标志；

（三）虚假的奖励承诺；

（四）其他欺骗、误导用户点击、浏览广告的方式。

第十二条 在针对未成年人的网站、网页、互联网应用程序、公众号等互联网媒介上不得发布医疗、药品、保健食品、特殊医学用途配方食品、医疗器械、化妆品、酒类、美容广告，以及不利于未成年人身心健康的网络游戏广告。

第十三条 广告主应当对互联网广告内容的真实性负责。

广告主发布互联网广告的，主体资格、行政许可、引证内容等应当符合法律法规的要求，相关证明文件应当真实、合法、有效。

广告主可以通过自建网站，以及自有的客户端、互联网应用程序、公众号、网络店铺页面等互联网媒介自行发布广告，也可以委托广告经营者、广告发布者发布广告。

广告主自行发布互联网广告的，广告发布行为应当符合法律法规的要求，建立广告档案并及时更新。相关档案保存时间自广告发布行为终了之日起不少于三年。

广告主委托发布互联网广告，修改广告内容时应当以书面形式或者其他可以被确认的方式，及时通知为其提供服务的广告经营者、广告发布者。

第十四条 广告经营者、广告发布者应当按照下列规定，建立、健全和实施互联网广告业务的承接登记、审核、档案管理制度：

（一）查验并登记广告主的真实身份、地址和有效联系方式等信息，建立广告档案并定期查验更新，记录、保存广告活动的有关电子数据；相关档案保存时间自广告发布行为终了之日起不少于三年；

（二）查验有关证明文件，核对广告内容，对内容不符或者证明文件不全的广告，广告经营者不得提供设计、制作、代理服务，广告发布者不得发布；

（三）配备熟悉广告法律法规的广告审核人员或者设立广告审核机构。

本办法所称身份信息包括名称（姓名）、统一社会信用代码（身份证件号码）等。

广告经营者、广告发布者应当依法配合市场监督管理部门开展的互联网广告行业调查，及时提供真实、准确、完整的资料。

第十五条 利用算法推荐等方式发布互联网广告的，应当将其算法推荐服务相关规则、广告投放记录等记入广告档案。

第十六条 互联网平台经营者在提供互联网信息服务过程中应当采取措施防范、制止违法广告，并遵守下列规定：

（一）记录、保存利用其信息服务发布广告的用户真实身份信息，信息记录保存时间自信息服务提供行为终了之日起不少于三年；

（二）对利用其信息服务发布的广告内容进行监测、排查，发现违法广告的，应当采取通知改正、删除、屏蔽、断开发布链接等必要措施予以制止，并保留相关记录；

（三）建立有效的投诉、举报受理和处置机制，设置便捷的投诉举报入口或者公布投诉举报方式，及时受理和处理投诉举报；

（四）不得以技术手段或者其他手段阻挠、妨碍市场监督管理部门开展广告监测；

（五）配合市场监督管理部门调查互联网广告违法行为，并根据市场监督管理部门的要求，及时采取技术手段保存涉嫌违法广告的证据材料，如实提供相关广告发布者的真实身份信息、广告修改记录以及相关商品或者服务的交易信息等；

（六）依据服务协议和平台规则对利用其信息服务发布违法广告的用户采取警示、暂停或者终止服务等措施。

第十七条 利用互联网发布、发送广告，不得影响用户正常使用网络，不得在搜索政务服务网站、网页、互联网应用程序、公众号等的结果中插入竞价排名广告。

未经用户同意、请求或者用户明确表示拒绝的，不得向其交通工具、导航设备、智能家电等发送互联网广告，不得在用户发送的电子邮件或者互联网即时通讯信息中附加广告或者广告链接。

第十八条 发布含有链接的互联网广告，广告主、广告经营者和广告发布者应当核对下一级链接中与前端广告相关的广告内容。

第十九条 商品销售者或者服务提供者通过互联网直播方式推销商品或者服务，构成商业广告的，应当依法承担广告主的责任和义务。

直播间运营者接受委托提供广告设计、制作、代理、发布服务的，应当依法承担广告经营者、广告发布者的责任和义务。

直播营销人员接受委托提供广告设计、制作、代理、发布服务的，应当依法承担广告经营者、广告发布者的责任和义务。

直播营销人员以自己的名义或者形象对商品、服务作推荐、证明，构成广告代言的，应当依法承担广告代言人的责任和义务。

第二十条 对违法互联网广告实施行政处罚，由广告发布者所在地市场监督管理部门管辖。广告发布者所在地市场监督管理部门管辖异地广告主、广告经营者、广告代言人以及互联网信息服务提供者有困难的，可以将违法情况移送其所在地市场监督管理部门处理。广告代言人为自然人的，为广告代言人提供经纪服务的机构所在地、广告代言人户籍地或者经常居住地为其所在地。

广告主所在地、广告经营者所在地市场监督管理部门先行发现违法线索或者收到投诉、举报的，也可以进行管辖。

对广告主自行发布违法广告的行为实施行政处罚，由广告主所在地市场监督管理部门管辖。

第二十一条 市场监督管理部门在查处违法互联网广告时，可以依法行使下列职权：

（一）对涉嫌从事违法广告活动的场所实施现场检查；

（二）询问涉嫌违法当事人或者其法定代表人、主要负责人和其他有关人员，对有关单位或者个人进行调查；

（三）要求涉嫌违法当事人限期提供有关证明文件；

（四）查阅、复制与涉嫌违法广告有关的合同、票据、账簿、广告作品和互联网广告相关数据，包括采用截屏、录屏、网页留存、拍照、录音、录像等方式保存互联网广告内容；

（五）查封、扣押与涉嫌违法广告直接相关的广告物品、经营工具、设备等财物；

（六）责令暂停发布可能造成严重后果的涉嫌违法广告；

（七）法律、行政法规规定的其他职权。

市场监督管理部门依法行使前款规定的职权时，当事人应当协助、配合，不得拒绝、阻挠或者隐瞒真实情况。

第二十二条 市场监督管理部门对互联网广告的技术监测记录资料，可以作为对违法广告实施行政处罚或者采取行政措施的证据。

第二十三条 违反本办法第六条、第十二条规定的，依照广告法第五十七条规定予以处罚。

第二十四条 违反本办法第七条规定，未经审查或者未按广告审查通过的内容发布互联网广告的，依照广告法第五十八条规定予以处罚。

第二十五条 违反本办法第八条、第九条规定，变相发布医疗、药品、医疗器械、保健食品、特殊医学用途配方食品广告，或者互联网广告不具有可识别性的，依照广告法第五十九条第三款规定予以处罚。

第二十六条 违反本办法第十条规定，以弹出等形式发布互联网广告，未显著标明关闭标志，确保一键关闭的，依照广告法第六十二条第二款规定予以处罚。

广告发布者实施前款规定行为的，由县级以上市场监督管理部门责令改正，拒不改正的，处五千元以上三万元以下的罚款。

第二十七条 违反本办法第十一条规定，欺骗、误导用户点击、浏览广告的，法律、行政法规有规定的，依照其规定；法律、行政法规没有规定的，由县级以上市场监督管理部门责令改正，对广告主、广告经营者、广告发布者处五千元以上三万元以下的罚款。

第二十八条 违反本办法第十四条第一款、第十五条、第十八条规定，广告经营者、广告发布者未按规定建立、健全广告业务管理制度的，或者未对广告内容进行核对的，依据广告法第六十条第一款规定予以处罚。

违反本办法第十三条第四款、第十五条、第十八条规定，广告主未按规定建立广告档案，或者未对广告内容进行核对的，由县级以上市场监督管理部门责令改正，可以处五万元以下的罚款。

广告主、广告经营者、广告发布者能够证明其已履行相关责任、采取措施防止链接的广告内容被篡改，并提供违法广告活动主体的真实名称、地址和有效联系方式的，可以依法从轻、减轻或者不予行政处罚。

违反本办法第十四条第三款，广告经营者、广告发布者拒不配合市场监督管理部门开展的互联网广告行业调查，或者提供虚假资料的，由县级以上市场监督管理部门责令改正，可以处一万元以上三万元以下的罚款。

第二十九条　互联网平台经营者违反本办法第十六条第一项、第三项至第五项规定，法律、行政法规有规定的，依照其规定；法律、行政法规没有规定的，由县级以上市场监督管理部门责令改正，处一万元以上五万元以下的罚款。

互联网平台经营者违反本办法第十六条第二项规定，明知或者应知互联网广告活动违法不予制止的，依照广告法第六十三条规定予以处罚。

第三十条　违反本办法第十七条第一款规定，法律、行政法规有规定的，依照其规定；法律、行政法规没有规定的，由县级以上市场监督管理部门责令改正，对广告主、广告经营者、广告发布者处五千元以上三万元以下的罚款。

违反本办法第十七条第二款规定，未经用户同意、请求或者用户明确表示拒绝，向其交通工具、导航设备、智能家电等发送互联网广告的，依照广告法第六十二条第一款规定予以处罚；在用户发送的电子邮件或者互联网即时通讯信息中附加广告或者广告链接的，由县级以上市场监督管理部门责令改正，处五千元以上三万元以下的罚款。

第三十一条　市场监督管理部门依照广告法和本办法规定所作出的行政处罚决定，应当依法通过国家企业信用信息公示系统向社会公示；性质恶劣、情节严重、社会危害较大的，按照《市场监督管理严重违法失信名单管理办法》的有关规定列入严重违法失信名单。

第三十二条　本办法自 2023 年 5 月 1 日起施行。2016 年 7 月 4 日原国家工商行政管理总局令第 87 号公布的《互联网广告管理暂行办法》同时废止。

附录二[①]

广告审查表

一、申请人信息

名称		统一社会信用代码/身份证明号码	
住所地址		邮政编码	
法定代表人		联系人	
联系人电子邮箱地址		联系人手机号码	

申请人签章：______________________

申请日期：______年____月____日

① 该部分文书均选自法律应用研究中心编：《市场监督管理行政执法文书样式：制作规范与法律依据》，中国法制出版社 2021 年版。

二、产品及生产许可信息

<table>
<tr><td rowspan="6">产品分类</td><td rowspan="2">药品</td><td>□处方药</td></tr>
<tr><td>□非处方药</td></tr>
<tr><td>□医疗器械</td><td>是否推荐给个人自用：□是　□否</td></tr>
<tr><td colspan="2">□保健食品</td></tr>
<tr><td rowspan="2">特殊医学用途配方食品</td><td>□特定全营养配方食品</td></tr>
<tr><td>□其他类别特殊医学用途配方食品</td></tr>
</table>

产品注册或者备案文件及生产许可证信息

<table>
<tr><td rowspan="4">产品名称</td><td>产品名称</td><td></td></tr>
<tr><td>通用名称</td><td></td></tr>
<tr><td>商品名称</td><td></td></tr>
<tr><td>外文名称</td><td></td></tr>
<tr><td colspan="2">产品注册证（备案凭证）编号</td><td></td></tr>
<tr><td rowspan="3">持有人信息</td><td>产品注册证（备案凭证）持有人名称</td><td></td></tr>
<tr><td>持有人统一社会信用代码等证照编号</td><td></td></tr>
<tr><td>持有人住所地址</td><td></td></tr>
<tr><td rowspan="4">进口产品</td><td>进口代理人名称</td><td></td></tr>
<tr><td>进口代理人统一社会信用代码</td><td></td></tr>
<tr><td>进口代理人住所地址</td><td></td></tr>
<tr><td>生产地</td><td>××国家（地区）</td></tr>
<tr><td rowspan="3">国产产品</td><td>生产许可证主体名称</td><td></td></tr>
<tr><td>生产许可证主体统一社会信用代码</td><td></td></tr>
<tr><td>生产许可证主体住所地址</td><td></td></tr>
</table>

注：广告中出现多个产品，可参照样式另行加页填报。

三、广告信息

广告类别	□视频	时长	秒
	□音频	时长	秒
	□图文		
计划发布媒介（场所）	□国务院卫生行政部门和国务院药品监督管理部门共同指定的医学、药学专业刊物		
	□电视	□广播	□电影
	□报纸	□期刊	□非报刊类印刷品
	□互联网	□户外	□其他

四、委托代理人信息

（一）委托代理人为自然人情形

姓名		手机号码	
身份证明证件类型		身份证明证件号码	
电子邮箱地址			

注：身份证明证件类型包括居民身份证、军官证、警官证、外国（地区）护照、其他有效证件。

（二）委托代理人为法人或其他组织情形

名称		统一社会信用代码	
住所地址		邮政编码	
法定代表人		联系人	
联系人电子邮箱地址		联系人手机号码	

五、申请材料清单（材料附后）

序号	申请材料名称	有效期限 截止日期
1	□广告样件	——
2	申请人主体资格相关材料	
2-(1)	□申请人的主体资格相关材料，或者合法有效的登记文件	至　　年　月　日
2-(2)	□授权文件——产品注册证明文件或者备案凭证持有人同意生产、经营企业作为申请人	至　　年　月　日
2-(3)	□申请人委托代理人的委托书	至　　年　月　日
2-(4)	□申请人委托代理人的主体资格相关材料	至　　年　月　日
3	产品注册备案相关材料	
3-(1)	□产品注册证书或者备案凭证	至　　年　月　日
3-(2)	□注册或者备案的产品标签	同上
3-(3)	□注册或者备案的产品说明书	同上
3-(4)	□申请人的生产许可证	至　　年　月　日
4	广告中涉及的知识产权相关有效证明材料	
4-(1)	□商标注册证明	至　　年　月　日
4-(2)	□专利证明	至　　年　月　日
4-(3)	□著作权证明	至　　年　月　日
4-(4)	□其他知识产权相关证明	至　　年　月　日
5	□其他材料____________	至　　年　月　日

说明：仅勾选提交的申请材料，各项材料只需提供一份。

授 权 书

（参考样本）

致广告审查机关：

我（单位），＿＿＿＿＿＿（注册登记名称/姓名）＿＿＿＿＿＿，住所地（住址）为＿＿＿＿＿＿＿＿＿＿＿＿＿＿＿＿＿＿＿＿，统一社会信用代码（身份证明号码等）为＿＿＿＿＿＿＿＿＿＿，现同意授权＿＿＿＿＿＿（被授权企业名称）＿＿＿＿＿＿，住所地为＿＿＿＿＿＿＿＿＿＿＿＿＿＿＿＿，统一社会信用代码为＿＿＿＿＿＿＿＿＿＿＿＿，作为我（单位）产品的生产企业（或者经营企业），同时授权其作为我（单位）注册（备案）产品的广告审查申请人，授权日期截至20＿＿年＿＿月＿＿日。产品名单如下：

产品名称1，产品注册批准证号1。

产品名称2，产品注册批准证号2。

（授权人名称/姓名）

签　章＿＿＿＿＿＿

签字人职务＿＿＿＿＿＿

20＿＿年＿＿月＿＿日

委托代理书

（参考样本）

致广告审查机关：

为申请药品/医疗器械/保健食品/特殊医学用途配方食品广告审查批准文号，现委托下列人员作为我（单位）的代理人，代为办理（产品名称）的广告审查（注销）申请。

委托代理人姓名：________________联系电话：______________

工作单位：__________________________职务：______________

身份证（其他有效证件）号码：____________________________

委托权限：☑代为提出、变更、放弃行政许可申请；

☑接收询问，行使陈述申辩权利；

☑要求和参加听证；

☑提交和接收法律文书；

☐其他：______________________________________

委托期限：☐自提出许可申请日起至______年______月______日；

☑自提出许可申请日起至此次许可决定送达之日止；

☐其他：____

附件：委托代理人身份证明文件

委托人名称：____________________

签章：____________________

20____年___月___日

广告批准文号注销申请表

申请人名称：________________________________

申请人统一社会信用代码：______________________

联系人姓名：________________

联系人手机号码：________________

申请注销的广告批准文号：______药/械/食健/食特广审（视/声/文）第000000-00000号

申请注销原因：

☐主体资格证照被吊销、撤销、注销

☐产品注册证明文件、备案凭证被撤销、注销

☐生产许可文件被撤销、注销

☐其他情形______________________。

申请人签章：___________________

申请日期：20____年___月___日

广告审查受理通知书

____广审受字［20 __］第000000号

____（申请人名称）____：

经审查，你（单位）提交的申请编号为0000000的药品/医疗器械/保健食品/特殊医学用途配方食品广告审查（注销）申请，申请材料齐全，符合法定形式。依据《药品、医疗器械、保健食品、特殊医学用途配方食品广告审查管理暂行办法》第十五条规定，我局决定予以受理，并将在十个工作日内作出是否准予批准的决定。

______广告审查机关（行政许可专用章）

20 ____年___月___日

不予受理通知书

____广审不予受理字［20 __］第000000号

（申请人名称）　　　：

经审查，你（单位）提交的申请编号为0000000的广告审查（注销）申请，依法不需要取得行政许可/依法不属于本行政机关职权范围，依据《中华人民共和国行政许可法》第三十二条规定，我局决定不予受理。

如对本不予受理决定持有异议的，可以自收到本通知书之日起六十日内依据《中华人民共和国行政复议法》的规定，向__________人民政府或者__________（上一级行政机关）申请行政复议，也可以自收到本通知书之日起六个月内依据《中华人民共和国行政诉讼法》的规定，直接向人民法院提起行政诉讼。

______广告审查机关（行政许可专用章）

20____年___月___日

申请材料接收凭证

____广审收字［20 __］第000000号

______（申请人名称）______：

你（单位）于20 ____年___月___日提交的药品/医疗器械/保健食品/特殊医学用途配方食品广告审查申请材料收到，我局将于五个工作日内决定是否受理或者告知需要补正的材料。

______广告审查机关（行政许可专用章）

20 ____年___月___日

收到材料目录

序号	材 料 名 称	份数
1	《广告审查表》	1
2	与发布内容一致的广告样件	1
3	申请人的主体资格相关材料	
4	授权文件	
5	委托书	
6	申请人委托代理人的主体资格相关材料	
7	产品注册证明文件或者备案凭证	

续表

序号	材料名称	份数
8	注册或者备案的产品标签	
9	注册或者备案的产品说明书	
10	生产许可文件	
11	广告中涉及的知识产权相关有效证明材料	
12	其他材料	

广告审查申请材料补正告知书

____广审补正字［20__］第000000号

______（申请人名称）______：

我局于20____年___月___日收到你（单位）提交的药品/医疗器械/保健食品/特殊医学用途配方食品广告审查申请（申请编号：000000）。依据《中华人民共和国行政许可法》第三十二条规定，经审查，你单位的申请材料不齐全/不符合法定形式，需要补正材料。现一次告知如下：

请你（单位）补正：

1. 广告样件。

2. ________________。

3. ________________。

补正日期截至20____年___月___日，逾期未补正的，视为放弃申请。

______广告审查机关（行政许可专用章）

20____年___月___日

广告审查准予许可决定书

____广审准许字［20 __］第000000号

______（申请人名称）______：

我局于20______年____月____日受理你（单位）提交的药品/医疗器械/保健食品/特殊医学用途配方食品广告审查申请。产品名称（商品名称）为______________________，产品注册证明文件或者备案凭证编号为______________________，持有人为（名称）________________________________。

经审查，根据《中华人民共和国行政许可法》、《中华人民共和国广告法》、市场监管总局《药品、医疗器械、保健食品、特殊医学用途配方食品广告审查管理暂行办法》等法律和规章规定，我局决定批准你（单位）的申请，编发广告批准文号：___药/械/食健/食特广审（视/声/文）第000000-00000号，有效期限至20____年___月___日。

如对本决定书持有异议的，可以自收到本决定书之日起六十日内依据《中华人民共和国行政复议法》的规定，向________________人民政府或者__________（上一级行政机关）申请行政复议，也可以自收到本决定书之日起六个月内依据《中华人民共和国行政诉讼法》的规定，直接向人民法院提起行政诉讼。

附：广告样件

______广告审查机关（印章）

20____年___月___日

广告审查不予许可决定书

____广审不许字［20__］第000000号

______(申请人名称)______：

我局于20____年___月___日受理你（单位）提交的产品名称（商品名称）药品/医疗器械/保健食品/特殊医学用途配方食品广告审查申请（申请编号：000000）。经审查，____________广告内容违反______（法律依据）______规定，我局决定依法不予批准你（单位）的申请。

如对本决定书持有异议的，可以自收到本决定书之日起六十日内依据《中华人民共和国行政复议法》的规定，向____________人民政府或者____________（上一级行政机关）申请行政复议，也可以自收到本决定书之日起六个月内依据《中华人民共和国行政诉讼法》的规定，直接向人民法院提起行政诉讼。

______广告审查机关（印章）

20____年___月___日

准予注销广告批准文号决定书

____广审注销字［20 __］第000000号

______（申请人名称）______：

经审查，你（单位）提交的申请编号为0000000的药品/医疗器械/保健食品/特殊医学用途配方食品广告批准文号注销申请，申请材料齐全，符合法定形式。依据《药品、医疗器械、保健食品、特殊医学用途配方食品广告审查管理暂行办法》第十九条规定，我局决定准予注销该广告批准文号。

______广告审查机关（印章）

20 ____年___月___日

注销广告批准文号决定书

____广审注销字［20 __］第000000号

（申请人名称）：

经审查，你（单位）广告批准文号为×药/械/食健/食特广审（视/声/文）第000000-00000号的广告，因主体资格证照被吊销、撤销、注销/产品注册证明文件、备案凭证或者生产许可文件被撤销、注销/存在法律、行政法规规定应当注销的其他的情形，依据《药品、医疗器械、保健食品、特殊医学用途配方食品广告审查管理暂行办法》第十九条第一款第×项规定，我局决定注销该广告批准文号。

如对本注销决定持有异议的，可以自收到本决定书之日起六十日内依据《中华人民共和国行政复议法》的规定，向__________人民政府或者__________（上一级行政机关）申请行政复议，也可以自收到本决定书之日起六个月内依据《中华人民共和国行政诉讼法》的规定，直接向人民法院提起行政诉讼。

______广告审查机关（印章）

20____年___月___日

撤销广告批准文号决定书

____广审撤销字［20 __］第000000号

______（申请人名称）______：

经审查，你（单位）广告批准文号为×药/械/食健/食特广审（视/声/文）第000000-00000号的广告，因违反________（法律依据）________规定，依据《中华人民共和国广告法》第五十五条/第五十七条/第五十八条/第六十五条和《市场监督管理行政许可程序暂行规定》的规定，我局决定撤销该广告批准文号。

如对本撤销决定持有异议的，可以自收到本决定书之日起六十日内依据《中华人民共和国行政复议法》的规定，向________________人民政府或者__________（上一级行政机关）申请行政复议，也可以自收到本决定书之日起六个月内依据《中华人民共和国行政诉讼法》的规定，直接向人民法院提起行政诉讼。

______广告审查机关（印章）

20____年___月___日

广告审查机关送达回证

送达文书名称 及文号	
受送达人	
送达时间	
送达地点	
送达方式	
收件人	（签名或者盖章） 年　　月　　日
送达人	（签名或者盖章） 年　　月　　日
见证人	（签名或者盖章） 年　　月　　日
备注	

图书在版编目（CIP）数据

中华人民共和国广告法：案例注释版 / 中国法制出版社编．—6 版．—北京：中国法制出版社，2024. 1
（法律法规案例注释版系列；12）
ISBN 978-7-5216-4016-8

Ⅰ．①中… Ⅱ．①中… Ⅲ．①广告法-案例-中国 Ⅳ．①D922. 294. 5

中国国家版本馆 CIP 数据核字（2023）第 242506 号

责任编辑：谢　雯　　封面设计：杨泽江

中华人民共和国广告法：案例注释版

ZHONGHUA RENMIN GONGHEGUO GUANGGAOFA：ANLI ZHUSHIBAN

经销/新华书店
印刷/河北华商印刷有限公司
开本/880 毫米×1230 毫米　32 开　　印张/ 6　字数/ 123 千
版次/2024 年 1 月第 6 版　　2024 年 1 月第 1 次印刷

中国法制出版社出版
书号 ISBN 978-7-5216-4016-8　　定价：23. 00 元

北京市西城区西便门西里甲 16 号西便门办公区
邮政编码 100053　　传真：010-63141852
网址：http：//www. zgfzs. com　　编辑部电话：010-63141797
市场营销部电话：010-63141612　　印务部电话：010-63141606

（如有印装质量问题，请与本社印务部联系。）